日経文庫
NIKKEI BUNKO

フィンテック

柏木亮二

日本経済新聞出版社

はじめに

本書は「フィンテック（FinTech）」の基礎的な解説書です。フィンテックとは多様な要素が含まれた非常に幅広い概念を含んだ言葉です。そのため、書籍や新聞・雑誌の記事を読んでも、フィンテックとは何かがいまひとつわかりにくくなってしまっているように思います。新しいテクノロジーを指すのか、それとも斬新なビジネスモデルで新たな金融サービスを提供するベンチャー企業を指すのか、それとも既存の金融機関のビジネス変革を指すのか、などなど。

本書はこのような「フィンテック」の多様な要素を段階的に理解できるように、構成しています。もっとわかりやすくいえば、上司から「フィンテックって何？」と聞かれたときに、その質問の内容に応じてうまく答えられるような構成になっています（この手の質問はほんとに困りますよね）。

本書の構成を「上司の質問」に沿って簡単に説明します。

最初は、「フィンテックって最近よく見るけど、なんで注目されてるの?」という素朴な質問に答えるためのものです。第Ⅰ章「フィンテックが注目される理由」では、「フィンテック」が登場した背景や、フィンテックが注目される一因となった急成長したベンチャー企業、そして日本の金融業界の特徴などを説明しています。

次は「フィンテックってどういう意味?」という質問に答える内容が、第Ⅱ章「進化するフィンテック」です。「フィンテック」という言葉そのものは、一説では40年以上前から存在しています。その時々で意味するものが徐々に変化しているのです。そのため、使う人によって「フィンテック」という言葉が意味するものも微妙に異なっています。この章では「フィンテック」という言葉がどのように進化してきたのか、そしてそれぞれの段階の「フィンテック」での主要なプレーヤーや技術、そして「その『フィンテック』はどういう意味の『フィンテック』なのか」を整理して解説しています。

さて、ここまでで上司の方もある程度フィンテックのイメージはできたようです。その次にくるであろう「フィンテックの具体的なサービスってどんなものがあるの?」という質問に答えるのが、第Ⅲ章「いま何が起こっているのかを押さえておこう」です。この章ではフィンテックがもたらすものを「金融のデジタル化」という観点で整理しています。すでに始まっているフィンテックサービスを中心に、「金融のデジタル化」がどのように金融サービスを変容させているのかを解説しています。金融業界以外にお勤めの方なら、ここまでの章をお読みいただければフィンテックに関する最低限の知識は身につくはずです。

ですが、金融に関連するビジネスに従事している方たちにとっては、「フィンテックが自分たちのビジネスにどのような影響があるのか」という点が重要でしょう。そのような業界の上司の方から「で、うちのビジネスにどんな影響があるんだ?」という質問が飛んでくるのは想像に難くありません。その質問に答えるのが第Ⅳ章「金融ビジネス・実務への影響」です。ここでは新たな「フィンテック」が既存のビジネスモデルに与える脅威を解説しています。

脅威をだまって見過ごすわけにはいきませんね。フィンテックによってもたらされる新たな脅威に対抗するためには何をすべきでしょうか。上司から「で、うちの会社はどうすべきなんだ?」という質問が飛んできた場合を想像してください。第Ⅴ章「フィンテックにどう向き合うか」は金融機関と、金融機関にＩＴシステムを提供しているベンダー、そして規制や法制度を司る政府や行政機関などが現在どのような対応をとっているのか、また将来的にどのような対応を検討すべきかを整理しています。

フィンテックがもたらす新たな金融サービスは、既存の金融のルールでは対処が難しいものが数多く含まれています。しかも、新たな金融サービスがもたらすものは必ずしもいいことばかりではありません。これまでの安全かつ安定した金融インフラが、社会やビジネスの発展のための強固な土台として機能してきたのは明らかです。フィンテックによる革新がこれまでの安全や安定を台無しにしてしまう事態は避けなければいけません。フィンテックのもたらすリスクを認識し、その上でリスクとリターンのバランスをとるにはどうすべきかを、具体的な取り組みや世界中で活発に行われている議論などを踏まえて整理しています。

ここまでくれば、おそらく上司の方からの質問もそろそろ尽きてきたかと思いますが、最後にこんな質問がくるかもしれません。「もっとすごいフィンテックが出てくる可能性はないの？」。フィンテックに影響を与える技術として、人工知能（ＡＩ）やブロックチェーンといった、今後急速に技術進歩が進むと予想されているものはまだまだあります。そしてさらなる技術革新はそれまで金融とはあまり関係のなかったビジネスにも金融機能を組み込むことを可能にするでしょう。
第Ⅵ章「さらに進化するフィンテック」では、現在活発に研究開発が行われている技術が将来的に金融にどのような影響を与えるのかを予想します。そしてそれらの新しい技術によって革新された新たな「金融」が、金融以外の領域のビジネスモデルや、われわれの生活を作り変える可能性についてもあわせて考えたいと思います。

できれば上司の方も部下に質問する前に本書を手にとっていただければ嬉しいです。
なお、本書の内容はあくまで筆者である私の個人的な見解であり、筆者の所属する組織の公式な見解ではないことをお断りしておきます。

2016年8月

柏木亮二

フィンテック――【目次】

第Ⅳ章 金融ビジネス・実務への影響 117

第VI章　さらに進化するフィンテック――213

第Ⅰ章 フィンテックが注目される理由

1　注目を集めるフィンテック

「ファイナンス＋テクノロジー」の組み合わせ

フィンテック（FinTech）とは、金融を意味する「ファイナンス（Finance）」と技術を意味する「テクノロジー（Technology）」を組み合わせた造語です。日本では２０１５年の春ごろから注目を集め始めました。最近では毎日のようにフィンテックに関するニュースが報道され、雑誌などでも特集が数多く組まれています。またフィンテックと名の付く本も立て続けに出版されています（この本もそのうちの一冊です）。

「フィンテック」の正式な定義は存在しませんが、ここでは金融庁のもとに設置されている、金融行政のさまざまな課題を検討する金融審議会の「決済業務等の高度化に関するワーキング・グループ」が２０１５年12月に公表した報告書でのフィンテックの説明を引用してみましょう。

同報告書ではフィンテックを「主に、ＩＴを活用した革新的な金融サービス事業を指す。特に、近年は、海外を中心に、ＩＴベンチャー企業が、ＩＴ技術を生かして、伝統的な銀行等が提供していない金融サービスを提供する動きが活発化している」と説明しています。

次々と生まれる新サービス

フィンテックがこれほど注目を集める理由は大きく2つあると考えられます。1つは「新しくて便利なサービスが次々と誕生しているから」というもの。もう1つの理由は「フィンテックは既存の金融機関の存続を脅かす可能性を秘めているから」というものです。

1つ目の「新しくて便利なサービス」の代表的な例として、アメリカのいくつかの企業を挙げてみましょう。簡単な決済手段を提供し、さらに個人の間でお金を送るサービスを実現したペイパル（PayPal）、銀行口座や証券口座、クレジットカードの利用情報などを一元化し、個人の資金管理や資産運用をサポートするパーソナル・フィナンシャル・マネージメント（PFM）サービスのミント（Mint.com）、スマートフォンに「ドングル」と呼ばれる機器を取り付けることで、それまでクレジットカードが利用できなかったお店などでクレジットカード決済を可能にしたスクェア（Square）、個人の間でお金の貸し借りを仲介するプラットフォームを提供しているレンディングクラブ（LendingClub）、そして店舗を持たずにスマートフォン上で銀行と同じサービスを提供するシンプル（Simple）といった新しい企業が続々と登場しました。このうちペイパル、スクェア、レンディングクラブは株式市場への上場も果たし、フィンテックという言葉を世の中に広げる大きな役割を果たしました。

これらの新しい金融サービスの多くは、スマートフォンを活用し、シンプルでわかりやすい画面デザインを備え、初めての人でも理解しやすい操作方法を実現しています。この画面デザインや操作方法などをユーザーインタフェース（UI）、そしてその製品やサービスを使ったときに得られる経験や満足感をユーザーエクスペリエンス（UX）と呼びます。フィンテック企業は優れたUIとUXで利用者の心を捉えました。

一度UI／UXが優れたサービスを使ってしまうと、それ以前のいまひとつイケていないサービスを使う気にはなれないものです。それまで使っている間は使いにくいとは思っていなかったにもかかわらず、です。

いままでの金融機関が提供していたサービスは、機能としては十分なものではありましたが、画面が見づらかったり、入力がしにくかったり、操作手順がわかりにくかったり、頻繁にパスワードを入力しなければいけなかったり、また画面いっぱいに「免責事項（ディスクレーマーと呼ばれます）」やセキュリティの注意事項が表示されていて必要な情報がどこにあるかわかりにくかったりと、利用者にとっては必ずしも使いやすいものではありませんでした。

ただ、どの金融機関のサービスも似たりよったりでしたので、それまでは漠然とした不満を感じていたとしても、利用者はそのサービスを使い続けていました。しかし、いったん優れたサービスが登場したら使いにくいサービスを利用し続ける理由はありません。そしてこれが2つ目の理由につながります。

便利な機能が既存の金融機関を脅かす

新しいフィンテックサービスは、登場した段階ではあまり機能が充実していないことが多々あります。先に挙げたアメリカの大手フィンテック企業のサービスも、登場した時点では限られた機能しか提供できていませんでした。例えばＰＦＭサービスのミントでは、サービス開始当初は情報が登録できる金融機関の数は非常に限られたものでした。現在では数万社にのぼるありとあらゆる金融サービスの情報が登録・利用できますが、当初は主要な銀行や証券会社、有名なクレジットカード会社くらいしか登録できませんでした。

実際、多くのベンチャー企業が提供するサービスは、開始当初は非常に限られた機能しか持っていないことが大半です。すでにさまざまな機能を持ったサービスを提供している大企業の人から見ると「こんな貧弱な機能しか持たないサービスを使うのは新しもの好きの一部の人くらいだろう」としか思えない代物です。しかしベンチャー企業はその後、驚異的なスピードで機能を充実させていきます。そしてある時点で、既存の大企業が提供しているサービスと同等か、それ以上の機能を実現することがあります。そうなると既存の企業のビジネスを脅かす存在となります。

ベンチャー企業は、利用者のニーズに応える優れたサービスを提供しようと必死です。仮に機能が限られていたとしても、利用者が抱えている「不満」を的確に捉え、その「不満」をきれいに取り去ってくれるサービスが提供されれば、そのサービスは利用者に受け入れられるのです。「あれば便利な機能」は後から追加すればいいのです。

一方、既存の金融機関のサービスはそう簡単には変更できません。長い年月をかけてさまざまな機能を追加してきた巨大で複雑なサービスを作り変えるには、大変な労力と時間、コストがかかります。例えば銀行のATMの画面を変更するには、その画面を表示するプログラムを変更するだけではなく、その変更が他のシステムに影響を与えないかどうかを確認する膨大な数のテストが必要になります（数千パターンのテストが必要な場合もあります）。比較的新しいサービスであるウェブサイト上の機能変更にも似たような手間がかかることがあります。

驚異的なスピードで進化を続ける新たなフィンテックサービスが、変われない既存の金融機関のサービスを駆逐してしまうのではないか。こういった期待と不安がフィンテックに注目が集まるもう1つの理由でしょう。

そして両方の理由に共通するもう1つのフィンテックの特徴があります。それは、フィンテックサービスは既存の金融機関によるサービスと比べて、非常に低価格でサービスを提供しているという点です。中には無料で提供されているサービスも存在します。利用者にとっては安く利用できるのであればそれに越したことはありません。一方、金融機関にとっては、安いサービス、さらに無料のサービスは自分たちの収益源の危機を意味します。利用者にとって使いやすい、新しいサービスの登場と、既存の金融機関の存続を脅かす可能性を持つビジネスモデルの登場という2つの理由から、フィンテックは大きな注目を集めているといえるでしょう。

すべての人が金融サービスを利用できる世界へ

最後にもう1つ、あまり日本では注目されていないのですが、「金融包摂（フィナンシャル・インクルージョン）」もフィンテックが注目される理由として挙げられます。これは「社会包摂（ソーシャル・インクルージョン）」という言葉から派生して出てきたキーワードです。もととなった「社会包摂」とは、社会から孤立している人たちをもう一度社会の構成員としてきちんと取り込もう、そのための制度や環境づくりを行おうという活動です。日本でも2015年に一億総活躍国民会議の席上で民間議員の菊池桃子氏が「ソーシャル・インクルージョン」という呼び方を提唱して注目されました。

金融包摂とは、世界銀行の定義によれば「すべての人々が機会を活用し脆弱性を軽減するのに必要な金融サービスにアクセスでき利用できる状況」のことを指します。実は世界規模で見ると銀行口座を持ったり銀行からお金を借りたりできる人たちは非常に限られています。ある研究によれば、世界で生産年齢に当たる成人の約半分が正式な金融サービスから排除されていると推計しています。これらの人たちに正式な金融サービスへのアクセスを提供しようというのが金融包摂です。

これまでの金融サービスは、そのサービスを津々浦々に届けるためには、多数の店舗や全国に張り巡らせた決済のネットワークなど、非常に多額の投資が必要でした。発展途上国にとってこれらの投資を短期間で行うことは不可能に近い状況でした。しかし携帯電話などのＩＴを活用することによって、非常に低コストかつ素早く幅広く金融サービスを提供できるのではないかと期待が高まっています。先進国とは異なる意味で、発展途上国でもフィンテックは注目されているのです。

この章では、フィンテックがどのように誕生したのかという点について、主にフィンテック発祥の地であるアメリカを中心として説明します。

2　アメリカ発「FinTech ブーム」

フィンテックが最初に登場し、そしてブームになったのはアメリカからでした。先ほど挙げたペイパル、ミント、スクエア、レンディングクラブ、シンプルといったフィンテック企業の成功に触発され、数多くのフィンテックベンチャーが起業しています。公的な統計は存在しませんが、トムソン・ロイターによれば２０１５年末時点でアメリカだけでも１３００社以上のフィンテック企業が存在すると推計されています。

アメリカでフィンテックが勃興した理由として次の4点が挙げられます。

①リーマン・ショックの影響
②ミレニアル世代の台頭
③スマートフォンとソーシャルネットワークの普及
④企業のＩＴシステムの変化

それぞれの理由についてくわしく見ていきましょう。

リーマン・ショックの影響

最初の「リーマン・ショックの影響」には、次の2つの側面があります。1つはリーマン・ショックによる株式市場の暴落とその後の金融機関の対応を見たアメリカ国民が既存の金融機関に対して不信感を持ったという側面です。

2000年代には、アメリカの金融機関も短期的な値上がりを狙う投機的な金融商品販売よりも、将来希望する生活水準を満たすためにはどのような資産形成をしたらよいかをアドバイスするようなスタイルが一般的になっていました。このような資産管理スタイルは、「ライフプランニング（人生設計）」をもとにした、「ゴールベース資産管理」と呼ばれています。「ゴールベース」とは「老後の生活水準（ゴール）」を「出発点（ベース）」として、そのゴールを満たすために無理のない資産運用・積立を行う資産運用スタイルを表した言葉です。リスクの異なるさまざまな金融商品を組み合わせた「分散ポートフォリオ」を基本として、目標に到達するための調整を定期的に行うというのがゴールベース資産管理の一般的なスタイルです。

それまでの金融機関は株や投資信託を売買する際の手数料を主な収益源としていましたが、近年は顧客がその金融機関の口座に保有している金融資産（「預り資産」という言い方をします）の時価総額の数％を報酬として受け取るスタイルに切り替えています。このスタイルですと、顧客の資産が目減りすれば受け取る報酬額も減ってしまいます。金融機関としては顧客の預り資産が順調に増えるようなアドバイスを行うことが自らの収益にもつながるというわけです。こうして金融機関は投資家の「よき伴走者」であるというイメージが広がりつつありました。

ところがリーマン・ショックはこのイメージを打ち砕いてしまいました。リーマン・シヨックによって引き起こされた株価の暴落によって投資家は多大な損失を受けたにもかかわらず、金融機関の営業担当者は相変わらず高い給料をもらっていたことに多くの投資家が反発しました。「投資家の味方のような顔をしていたが、やっぱり自分たちのことしか考えていなかったんじゃないか」という大手の金融機関に対する不信感が広がったのです。そのようななか、既存の金融機関とは違い、中立的なイメージを持つ新しいフィンテック企業への期待が高まりました。フィンテック企業側も積極的にいままでの金融機関との違いを訴える戦略をとりました。

そしてリーマン・ショックがフィンテックの勃興に与えたもう1つの影響は「金融機関をリストラされた人たち」を大量に生み出したことです。リーマン・ショックによって世界中の金融機関は大きなダメージを受けました。事業の縮小や売却を余儀なくされた金融機関も数多く存在しました。それらの部署に勤務していた人たちの多くが退職を余儀なくされたのです。そういった彼ら・彼女らの中には金融機関のシステムを支えていた技術者も多く含まれていました。こういった人たちの中から「既存の金融機関ではできなかったビジネス」を始める人たちが出てきました。金融機関でキャリアを積んだ多くの人たちがフィンテックベンチャーの世界に移っていき、さまざまなサービスを生み出しています。

ミレニアル世代の台頭

ミレニアル世代とは、アメリカ国内で1980年～1990年代に生まれた現在15歳～35歳くらいの世代を指す言葉です。彼らの特徴的な消費行動がフィンテックの追い風になっているといわれています。

ミレニアル世代はアメリカの全人口のおよそ3分の1を占めています。このミレニアル世代には前の世代と異なる特徴や消費傾向があります。その中でもよく挙げられる特徴として、「生まれた時からネットが存在したデジタル・ネイティブである」「就職難などを経験しているため堅実でコストに敏感である」「多様性を尊重し、健康や環境保護に関心が高く既存の権威に距離をおく」といった者が挙げられます。フェイスブックの創業者であるマーク・ザッカーバーグ氏は1984年生まれで、ミレニアル世代の象徴ともいわれています。

彼らの特徴をそれぞれもう少しくわしく見てみましょう。

「デジタル・ネイティブ」という点では彼らのほとんどはスマートフォンを持っています。8割が寝る時もスマートフォンをベッドの横に置いているという調査結果もあります。またコミュニケーションにネットを抵抗なく使う世代でもあります。

この世代は2001年のネットバブル崩壊、2008年のサブプライム危機やリーマン・ショックといった金融危機を子供の頃や就職期に経験しています。そして景気後退のあおりを受けて就職が難しく、非正規雇用やパートタイムでしか職を得られない層も多いといわれています。このような経済事情から、ミレニアル世代は借金を前提とした無謀な消費などとは無縁で、堅実かつコストに敏感な傾向があります。

一方でこのミレニアル世代の人種構成は他の世代と比較すると非常に多様性に富んでいます。15歳から34歳の世代の人種構成を1980年と2012年で比較すると、1980年では白人が78%、黒人が13%、ヒスパニック系が7%、アジア系が2%だったのに対し、2012年では白人は58%、黒人が14%、ヒスパニック系が大きく増えて21%、アジア系が6%となっています。また政治的な傾向も「無党派層」が最も大きな比率を占めている世代でもあります。健康や環境問題への関心も高く、既存の政治や大企業などに批判的な傾向が強いのも特徴です。

このミレニアル世代は金融に対してどのようなイメージを持っているのでしょうか。それを明らかにしたのがアメリカの調査会社スクラッチが2014年に発表した「ミレニアル・ディスラプション・インデックス（「ミレニアル世代破壊指標」くらいの意味でしょうか)」というアンケートです。この調査はアメリカのミレニアル世代1万人に対して行った調査です。この調査結果に衝撃的なフレーズが並びました。

- 「銀行の話を聞くよりも歯医者に行くほうがマシ」71％
- 「将来的に銀行が必要になる日が自分にくるとは思わない」33％
- 「もしグーグル、アマゾン、アップル、ペイパル、スクェアが金融サービスを提供してくれるなら、いままでの銀行のサービスよりもグッとくる」73％

そして、とどめが「アメリカの4大銀行すべてが『ミレニアル世代が好むブランドランキング』のワースト10にランクイン」という結果でした。

ミレニアル世代が既存の金融機関に対して抱いている悪いイメージは、裏返せば新しいフィンテック企業にとっては絶好の追い風となります。既存の金融機関に不満を抱えているミレニアル世代がスマートフォンで利用できる使いやすいフィンテックサービスを選ぶのはある意味当然の流れといえます。

スマートフォンとソーシャルネットワークの普及

アメリカのスマートフォンの普及率は2015年末時点で79・3％に達しています。これは携帯電話契約者数に占めるスマートフォンの割合です。日本のスマートフォン普及率は64・2％（世帯普及率）となっており、アメリカのスマートフォン普及率は世界でもトップクラスです。

スマートフォンにはさまざまな高度な機能が盛り込まれています。それまでの携帯電話にも似たような機能を持つ端末は少なくありませんでしたが、スマートフォンがそれまでの携帯電話と決定的に異なっていたのは、スマートフォン上で動くアプリケーションの発展を促進する非常に優れた「プラットフォーム」として機能した点です。

例えば携帯電話にも位置情報を把握するGPS機能が付いているものはありました。しかし、そのGPS情報は携帯電話でしか利用することはできませんでした。一方、スマートフォンのGPS情報はさまざまなアプリで利用が可能です。さらには外部のサービスに自分のGPS情報を提供することで新たな価値も生み出しています。例としてタクシー配車サービスのウーバー（Uber）を考えてみましょう。ウーバーの利用者はウーバーのサービスを利用したい時に自分のスマートフォンのGPS情報をウーバーに送ります。ウーバーはその位置情報をもとに最適な車両を呼び出してくれます。

このようにスマートフォンの持つ情報はさまざまな場面で利用できます。スマートフォンが「プラットフォーム」として機能するというのはこのような意味です。このスマートフォンが大量に普及することで、スマートフォンの豊富な機能を活用した新たなサービスがたくさん生まれています。

そしてスマートフォンの普及と同時にソーシャルネットワークサービス（SNS）も爆発的に普及しました。

現在、世界中でSNSの参加者が増えています。その中でもアメリカでサービスが始まったフェイスブックは最大規模を誇るSNSです。このフェイスブックに代表されるSNSもフィンテックの誕生に深くかかわっています。といってもフェイスブックがフィンテックサービスを提供するというわけではありません（フェイスブックが金融サービスを始める可能性は高いですが、それはまた別の話です）。ソーシャルネットワークによって、それまで知ることのできなかった顧客の嗜好・生活スタイルなどの情報が手に入るようになったこと、これがフィンテックの誕生を後押ししたのです。

SNSにはさまざまな情報が記録されています。どこに行ったか、何を買ったか、誰と一緒に行動したか、家族は誰か、どのような車に乗っているか、勤務先の企業はどこか、どこの学校に通っているかといった情報がSNS上にはあふれています（これらの情報を総称して「ライフログ」と呼びます）。それまで金融機関は顧客のごく限られた情報しか持っていませんでした。年齢や勤務先、年収や預金口座の残高といった情報です。これらの情報から顧客が求めているサービスを推測するのは至難の業です。

例えばある人が自動車の買い換えを考えていたとしても、金融機関がその情報を事前に知るすべはありません。その人が銀行の自動車ローンのウェブサイトにアクセスしてくれたり、銀行のコールセンターに自動車ローンのカタログを申し込んでくれたりすれば自動車ローンのニーズがあることはわかりますが、それはあくまで事後的なものです。一方、SNS上にはそのような情報がたくさん存在します。つい最近車を買い換えた友だちに「自分も車を買い換えたいんだよね」とコメントしているかもしれません。「自動車　買い換え」といったキーワードで検索をしているかもしれません。このような情報を収集・分析することで金融機関が捉えきれないニーズを明らかにすることが新たなビジネスチャンスとなります。

また、SNS上に残っている行動の記録はその人のリスクを判断する材料にもなります。

普段どのような食事をしているか、仕事はなにをしているか、どのような交友関係か、普段よく見るウェブサイトはどこかといった情報から、その人の生活が浮かび上がってきます。このようにＳＮＳは「ライフログ」という貴重なデータの宝庫となっています。

企業のＩＴシステムの変化

フィンテックがアメリカから誕生した理由の最後に、企業のＩＴシステムの変化が挙げられます。その原動力となったのは「ビッグデータ」と「クラウドコンピューティング」です。

「ビッグデータ」にも明確な定義があるわけではないのですが、よく用いられる定義が「３つのＶを満たすデータ」というものです。３つのＶとはそれぞれ、「データ量が巨大である（Volume）」、「高頻度である（Velocity）」「多様性がある（Variety）」です。これらの要素を満たすのがビッグデータといわれるものです。

さて、具体的なビッグデータとしては、例えばオンラインショッピングのウェブサイトでの購買履歴やページ遷移ログデータ、ＳＮＳ上に投稿された文章や画像や動画データ、電子メールのデータや、ＧＰＳ、温度センサーなどの多様なセンサーが感知・記録したデータ、企業の業務システムで生成されたデータなど挙げるときりがありません。これらのデータを新しい方法で組み合わせて分析することで新たな知見を得ることができます。

アメリカには世界でもいち早くビッグデータの活用に乗り出す事業者が数多く存在しました。グーグルなどのネット企業、アマゾンなどのeコマース企業、フェイスブックなどのSNS企業、そしてウォルマートやゼネラル・エレクトリック（GE）といった既存の大企業もこぞってビッグデータの活用を推進しています。そしてビッグデータの蓄積と分析により、徐々に利用者個々のニーズをより詳細に分析できるようになってきました。

ビッグデータは個人の金融行動の分析にも威力を発揮しています。SNS上の書き込みや交友関係をもとにその人のリスク度合いを判定し、瞬時に融資を判断するサービスなどはその代表的な例でしょう。銀行などの金融機関も自分たちが持っている多様なデータを組み合わせ、1つのデータからでは見えてこない個人や企業のニーズを予測するビッグデータ活用を進めています。

そして、このビッグデータの活用を可能にした技術革新の1つが「クラウドコンピューティング（「クラウド」と略されることもあります）」です。クラウドコンピューティングとは、ネットワークを介してサーバーやストレージ、アプリケーションなどのコンピュータ資源を活用するＩＴインフラです。クラウドの特徴は必要なときに必要なだけコンピュータ資源を利用できる点です。

　クラウドを利用することで、ＩＴシステムは需要に応じて増やすことも減らすこともできるスケーラビリティを手に入れ、同時に世界でも最高レベルの堅牢なセキュリティ環境も手に入れました。またクラウドは利用量に応じて料金を支払えばいいため、初期投資や固定費といった経営の自由を制限するコストを回避できます。

　このクラウドのメリットは、ベンチャーにとって理想的な環境をもたらしました。いままではネットサービスを立ち上げようとしたら高価なサーバー、ネットワークが必要でし、それらのインフラを構築・維持する技術者を雇わなければいけませんでした。作ったサービスの人気が高まればその需要に合わせて新たな投資も必要になります。当然資金も必要です。そしてもし見通しが外れれば、投資は無駄になってしまいます。

　このような事業リスクをクラウドは取り除いてくれました。そしてベンチャー企業は斬新なビジネスアイデアを自由に試すことができるようになったのです。実際、フィンテック企業の多くが自社のサービスをクラウドの上で構築しています。クラウドを活用することで、フィンテックのスタートアップ企業は、さまざまな試行錯誤を金融機関とは比べ物にならないスピードと非常に安いコストで行っています。

アメリカを中心に多様なフィンテックスタートアップが生まれたのは、このような企業のIT環境の変化が果たした役割も大きいのです。

3 「フィンテック」という考え方はこれまでもあった

当初は「金融ITサービス企業」が中心

この「フィンテック」という言葉はいつごろから使われている言葉でしょうか。はっきりとした語源はわからないのですが、最も古い例は1972年の雑誌に、あるアメリカの銀行の副頭取が「ファイナンスとテクノロジーを組み合わせた造語で、銀行が持つ専門知識とコンピュータを組み合わせること」として「フィンテック」という言葉を使った例があるそうです（『FinTechが変える！』小林啓倫著、朝日新聞出版社より）。もう少し新しい例では1990年代のアメリカのシティコープ（現在はシティグループ）の社内資料に「fintech」という言葉が使われていたそうです。

さて、より広く「フィンテック」という言葉が使われ出したのは10年くらい前からでし

図Ⅰ-1　アメリカンバンカー誌のフィンテックランキングトップテン

1	Tata Consultancy Services	6	Infosys
2	FIS	7	SunGuard
3	Fiserv	8	Dirbold
4	Congnizant Technology Solutions	9	野村総合研究所
5	NCR	10	Total System Services

（出所）American Banker "TOP 100 COMPANIES IN FINTECH" 2015

ょう。最も広く知られている使用例として、アメリカの金融専門雑誌である「アメリカンバンカー誌」が２００８年から発表している「フィンテックランキング」という「金融ＩＴサービスベンダーのランキング」があります。ちなみに私の所属する野村総合研究所は、２００９年以降トップ１００に選出されており、２０１２年からはトップテンに４年連続でランキングされています。

　この「アメリカンバンカー誌」のランキングを見てみると、これまで出てきたようなフィンテック企業がランキングに入っていないことがわかります。上位に入っているのは大手や中小の金融機関向けに以前から金融ＩＴサービスを提供している企業で占められています。

　これらの「フィンテック企業」は最近のメディアで取り上げられるフィンテック企業とはイメージが異なります。もともと金融の世界では、古くからＩＴが活用されてきました。しかしそのことをフィンテックと呼ぶことはまれで、多くは「金融ＩＴ」という言葉が使われていました。その状況が変わったのが金融業界に「破壊者（ディスラプター）」と呼ばれる企業が登場してきてからです。

ディスラプターたちの登場

アメリカメディア企業のＣＮＢＣが毎年発表している「ディスラプター50」というランキングがあります。これは「まったく新しいビジネスモデルで既存のビジネスを破壊（ディスラプト）するスタートアップ企業」のランキングです。２０１３年ごろからこのランキングの上位に金融関連のサービスを手がけるスタートアップ企業が登場し始めたのです。

ここに示したのは２０１５年の「ディスラプター50」のランキングのうち、金融に関係するビジネスを行っている企業を抜粋したものです。例えば8位にランキングされているトランスファーワイズ（TransferWise）は、イギリスに拠点を置く、海外送金を行う企業です。17位のオスカー（Oscar）はウエアラブル端末を活用して加入者の健康状態をする新しいタイプの生命保険会社ですし、18位のパーソナルキャピタル（Personal Capital）、34位のウェルスフロント（WealthFront）、36位のベターメント（Betterment）の３社は

図Ⅰ－2　CNBCの「ディスラプター50」のうち金融関連サービス企業（11社）

8	TransferWise	個人間海外送金
17	Oscar	ウエアラブル×生命保険
18	Personal Capital	投資アドバイザリー
23	Motif Investing	テーマ別投資支援
25	SoFi	学生ローン借り換え
26	ZenPayroll	中小企業向け給与支払い支援
31	Coinbase	ビットコイン決済
34	WealthFront	投資アドバイザリー
36	Betterment	投資アドバイザリー
39	Hearsay Social	金融アドバイザーのマーケティング
40	Square	クレジットカード決済

（出所）CNBC “CNBC Disrupter 50”

いわゆるロボアドバイザーサービスを提供する企業です。25位のソフィ（SoFi）はピアツーピア（Peer to Peer：以下「P2P」と表記します）の融資サービスを行う企業ですが、同社はその融資を学生ローンの借り換えに特化している企業です（これらの企業は後でくわしく取り上げます）。

このような企業が登場した時点では、これらの企業にぴったりくる言葉が見つかりませんでした。それまでの「ネット証券」といった「金融ベンチャー」とも違いますし、個別のサービスで呼ぶのもしっくりきません。そのときに「フィンテック」という言葉が、これらの新しいタイプの「金融ベンチャー」をまとめて呼ぶ言葉として使われ始めました。ここから一気に「フィンテック」という言葉が広まります。現在では「フィンテック」というと、もっぱら「既存の金融ビジネスを破壊する新興企業」を指す意味で使われています。

もう一度「フィンテック」という言葉の意味の変遷を整理しましょう。最も古くは「金融ビジネスにコンピュータを活用すること」（2000年以前）、それから「金融領域での優れたITサービス」（2012年ごろまで）、そして「既存の金融ビジネスを破壊する新興企業」（2013年以降）となります。「フィンテック」という言葉が実はそれなりに古くから存在したということはご理解いただけたでしょう。

次に「フィンテック」の言葉の意味を変えてしまった「破壊者（ディスラプター）」についていきましょう。

4　次々と現れる「ユニコーン」ベンチャーたち

金融は「破壊すると儲かる」業界

上場していないにもかかわらず企業の時価評価額が10億ドル（約1100億円）を超え

たベンチャー企業を、ベンチャー業界では「ユニコーン」と呼びます。日本には上場企業が約3600社ありますが、時価総額が1000億円を超えるのは700社前後です。ベンチャーといってもかなり大きな規模の企業であることがわかるかと思います。

アメリカのベンチャー系メディアのCBインサイツによれば、2015年10月時点でこのようなユニコーン企業は142社あるとしています。代表的なユニコーン企業としてタクシー配車システムのウーバー、中国のスマートフォン大手のシャオミ（Xiaomi：小米科技）、空き部屋の宿泊マッチングサービスのエアビーアンドビー（Airbnb）、ネットで写真共有サービスを行うスナップチャット（SnapChat）、同じく写真共有サービスのピンタレスト（Pinterest）などがあります。このようなユニコーン企業にフィンテック領域の企業が登場するようになったのです。

日本経済新聞社の提供するユニコーン企業ランキングのサイトによれば、フィンテック関連のユニコーン企業は、中国のP2P融資のプラットフォームのルファックス（Lufax）、モバイルクレジットカード決済を行うスクェア、オンライン決済サービスを行うストライプ（Stripe）、保険見直しサービスを行うゼネフィッツ（Zenefits）など20社がランクインしています。日本ではクラウド会計サービスを提供しているフリーとPFMサービスを提

図Ｉ－３　フィンテックベンチャーへの投資額の推移

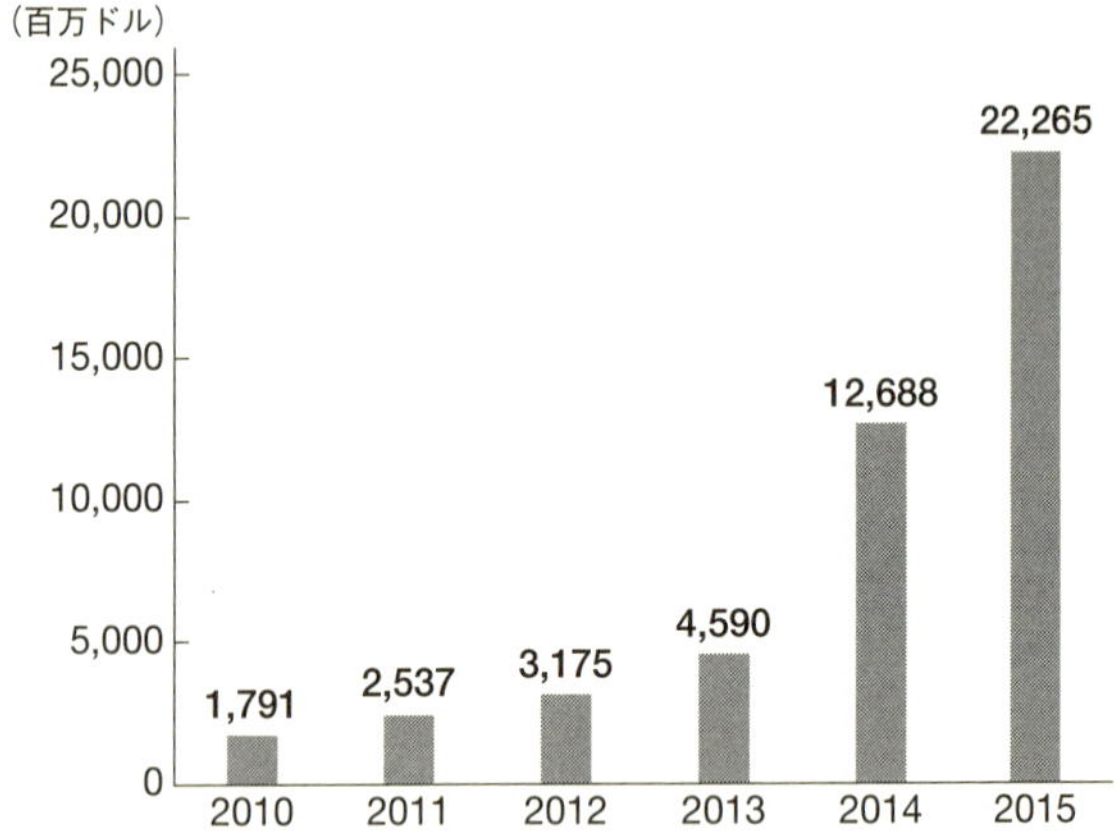

（出所）アクセンチュアがCBインサイツのデータを元に作成

供しているマネーフォワードがランクインしています。

　ここ数年、フィンテック領域のベンチャー投資は非常な勢いで拡大してきました。コンサルティング企業のアクセンチュアがまとめたフィンテックベンチャーへのグローバルの投資額を見てみましょう。２０１１年度には約25億ドル（約２８００億円）だった投資額は年々増加を続け、２０１５年度には実に２２３億ドル（約２・５兆円）にまで達しています。わずか４年で９倍近い規模に拡大したのです。

　なぜフィンテック領域にこのような投資が流れ込んできているのでしょうか。

それは「金融は『破壊』すると儲かる領域だから」です。コンサルティング会社のマッキンゼー&カンパニーは2016年に「世界の金融機関の利益（税引き後）が2014年に初めて合計1兆ドル（約110兆円）を超えた」という調査結果を発表しました。1兆ドルもの利益が生み出される産業がほかにあるでしょうか。トヨタの2016年3月期の利益は約2兆2700億円でした。金融業界全体と匹敵する利益をあげるには、トヨタがあと50社必要な計算になります。想像を絶する膨大な利益です。

この莫大な利益を狙って多くの資金がフィンテック企業に流れ込んでいるのです。

5　日本にフィンテックは適合するか

さてここまでアメリカからフィンテックが登場した経緯について見てきましたが、日本はどういう状況なのかを確認しておきましょう。日本の金融の特徴を、特に個人のお金に対する行動と、日本の金融インフラの特徴の2つの側面から整理したいと思います。

貯蓄が中心の資産構成

メディアの報道などでよく「日本の個人金融資産は1700兆円」といわれますが、この数字は日本銀行の資金循環統計に出てきます。この資金循環統計の「家計部門の保有金融資産」は2015年12月末でなんと1741兆円にのぼります。

この金融資産の内訳を構成比率で見ると「現金・預金」が51・8％、「債券」が1・4％、「投資信託」が5・5％、「株式等」が9・7％、「保険・年金など」が29・3％となっています。過半数の資産が「現金・預金」で保有されていることがわかります。

では諸外国と比較してみるとどうでしょうか。アメリカとユーロエリアの家計の金融資産構成を比較したデータも日本銀行にありますので、そちらも見てみましょう。一見して日本の「現金・預金」の比率が突出して高いことがわかります。また「株式等」の比率もかなり低いですね。アメリカでは「現金・預金」の比率は13・7％、「株式等」の比率は34・2％と他の金融資産を抑えて最も大きなシェアを占めています。一方ユーロエリアはちょうど日本とアメリカの中間くらいのイメージです。

「貯蓄から投資へ」という掛け声を聞いたことがあるかと思いますが、現実は厳しいようです。日本ではまだまだ「貯蓄」が金融資産の主流となっています。

図I－4　家計の金融資産構成　日米欧比較（2015年）

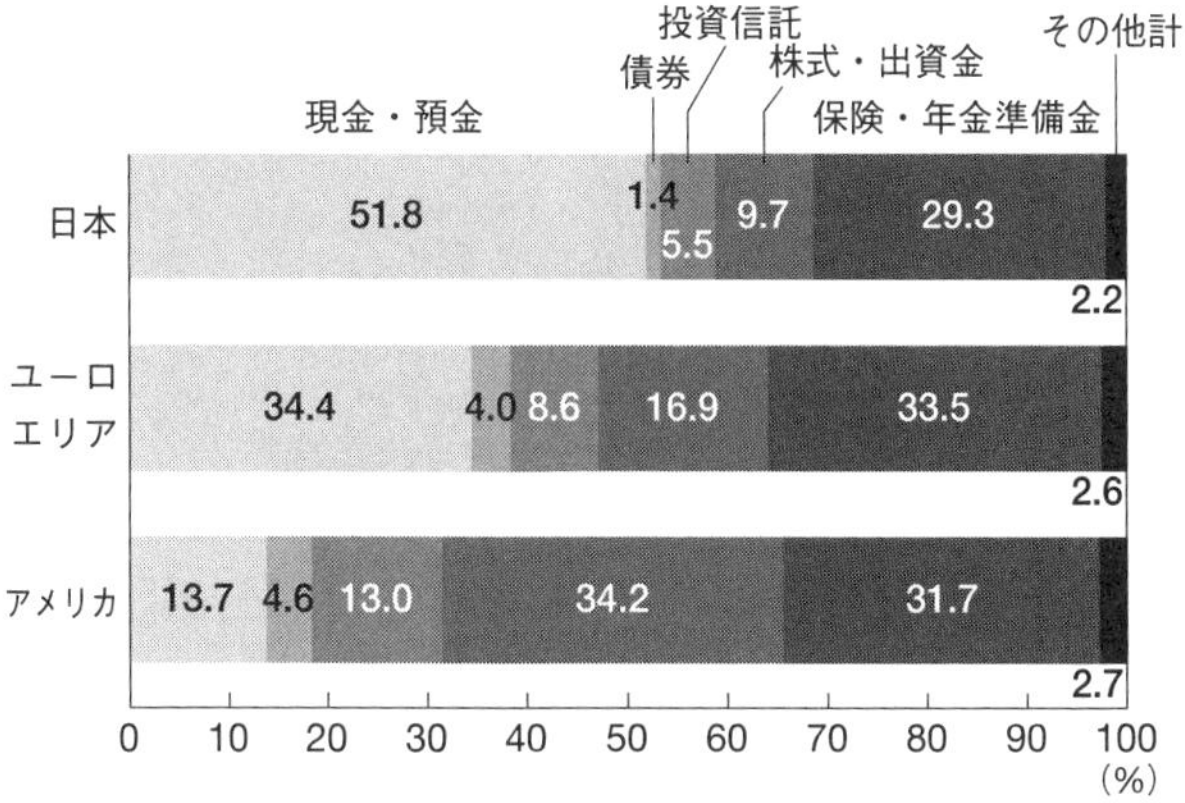

（出所）日本銀行　資金循環統計

資産運用のサポートはフィンテックの一大領域です。しかし日本の場合、積極的な資産運用が活発であるとはいいがたい状況です。この領域のフィンテックサービスにとっては当面厳しい環境が続くことでしょう。

高齢者に偏る金融資産

野村総合研究所の『なぜ、日本人の金融行動がこれから大きく変わるのか？』（東洋経済新報社）に、日本の家計の金融資産の保有状況を、世帯主の年齢別に推計したデータが掲載されています。これを見ると、家計の金融資産の保有シェアは世帯主が60歳代で28％、70歳以上が

図Ⅰ－5　世帯主年齢別保有金融資産シェア

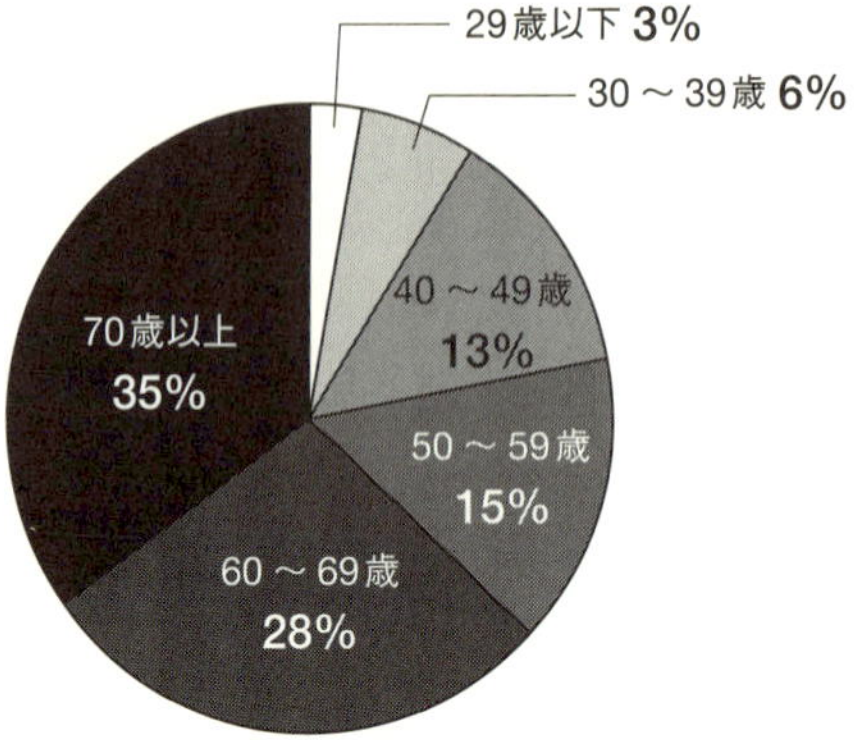

（出所）野村総合研究所『なぜ、日本人の金融行動がこれから大きく変わるのか』（東洋経済新報社）

35％を占めており、この両者を合わせた60歳以上の世帯で6割強の資産を保有していることになります。

　若い世代の金融資産が少ないのはある意味当然ではありますが、日本は高齢者に金融資産がかなり偏っています。この原因として考えられるのは、長らく続いたデフレ不況の影響です。デフレ不況の経済状況のものと、正規雇用は減少しました。また企業の業績も伸び悩む中で正社員の賃金も横ばいの状況が続きました。その結果、1990年代に若年層であったいわゆる「失われた世代」と呼ばれる現在の40歳前後の世代は、十分な資産形成をする余裕がないまま壮年期を迎えるはめになりました。

その結果、デフレ期が始まる前までに、主に持ち家と貯蓄という形で資産形成を終えていた高齢層に資産が集中してしまったのです。そして多くの金融資産を持つ高齢層は、一方で自分たちの将来の社会保障に対する不安を強めています。年金や医療費、介護などに不安を抱える高齢者がリスクの高い投資商品よりは現金・預金といった安定した金融資産を保有することを選ぶのはある意味しかたがないことでしょう。

このような高齢者への金融資産の偏りはフィンテックにとってもあまりいい環境ではありません。フィンテックサービスの多くはスマートフォン上での利用を前提としています。しかし日本の高齢者のスマートフォン普及率は諸外国と比較してもまだ低い水準にとどまっています。また、投資アドバイスなどのサービスは投資意欲を持った利用者がある程度存在することが前提です。しかし、金融資産を多く保有する高齢者が積極的な資産運用を行うことは考えにくいでしょう。また、若年層に向けた投資教育を行って資産形成をサポートするサービスもありますが、若い世代に投資や貯蓄の余力がなければそもそもサービスが成立しません。

そして現状では金融機関にとっても高齢者に向けたサービスを充実する方向で経営を行

うほうが理にかなっています。スマートフォンのサービスを充実させるよりは、丁寧で親しみやすい接客を重視する方が合理的です。海外のフィンテックサービスはミレニアル世代に代表される若年層に向けたサービスが主流です。しかし日本の若年層は保有する金融資産も少なく、また資産形成にも苦労しています。海外と同じようなフィンテックサービスがそのまま日本でも受け入れられる可能性は、現時点は低いのではないでしょうか。

支払いもまだまだ現金が主流

クレディセゾンが毎年公表している決済手段の比率を見てみましょう。2014年、日本では現金が決済手段の過半数を占めていることがわかります。決済手段の上位を見てみると、現金が51・8%、振込・口座振替が20・7%、クレジットカードが15・0%となっています。

一方、こちらは2019年の予測値ではありますが、アメリカでは支払いに最も利用されているのはクレジットカードで29・6%、ついでデビットカードで24・5%、現金はその次で16・7%となっています。

日本は現金を利用するのに適したインフラを整備しています。全国に張り巡らされた金

図Ｉ-6　日米の個人消費に占める決済手段別シェア比較

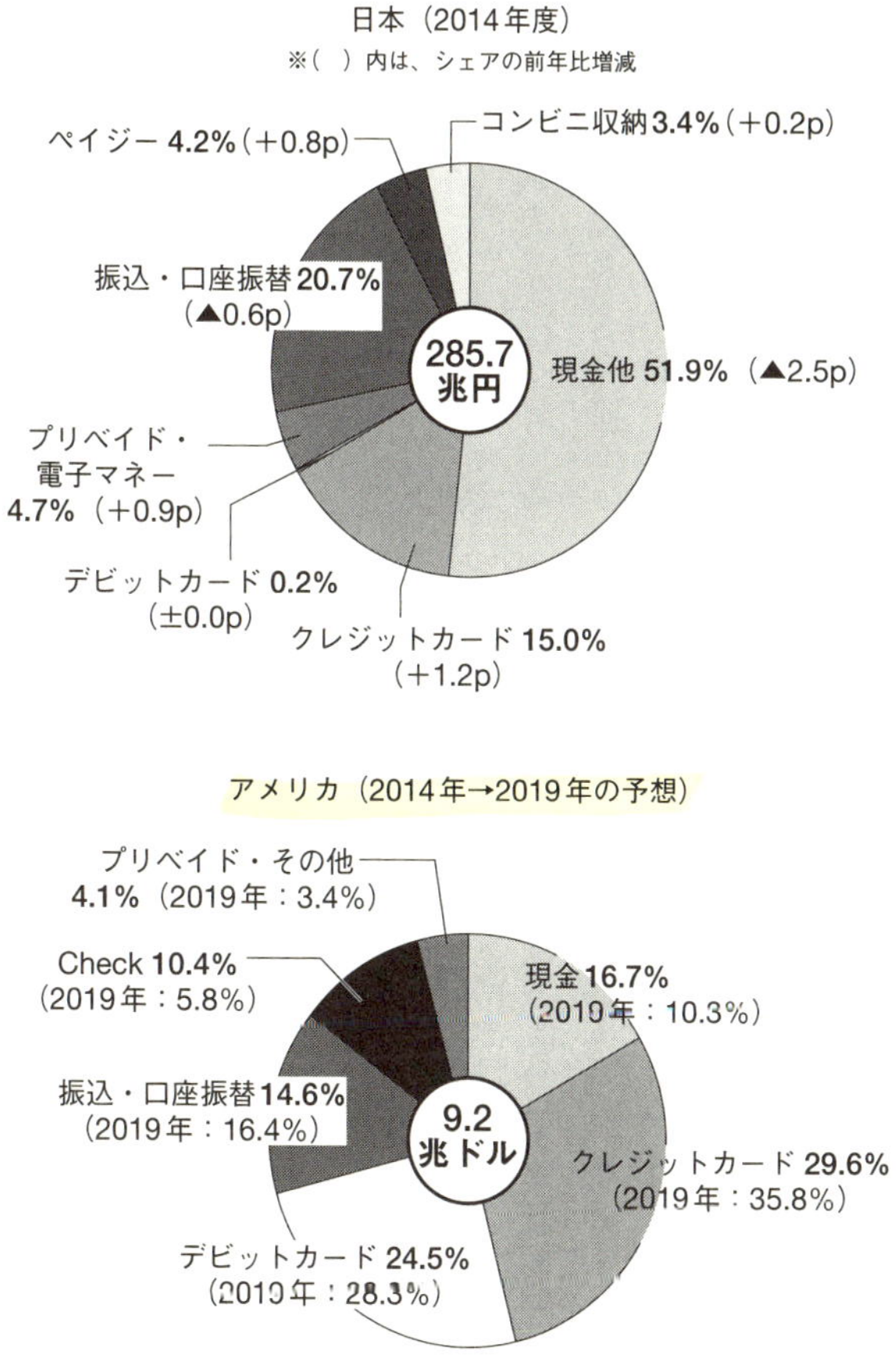

※日本：経済産業省、ニューペイメントレポート、三菱UFJリサーチ＆コンサルティング、各社・各協会公表資料 等より当社独自推計
クレジットカードには、法人系カードの決済額（推計３兆円／シェア1%分）を含む
※米国：NILSON REPORT
（出所）クレディセゾンIR資料より

融機関の支店や郵便局、コンビニなどに設置されているATMは世界でもトップクラスの台数が設置されています。また多額の現金を持ち歩くことにもあまり抵抗がありません。海外では偽札や詐欺のリスクがあるため、高額の現金支払いを受け付けてくれないことがありますが、日本では高額の支払いを現金で行うこともごく当たり前のことです。冠婚葬祭では現金を贈り合う習慣も根強く残っています。日本人にとって現金は最も馴染みの深い支払手段です。

しかし実は現金というのは非常にコストがかかる決済手段です。まず中央銀行が印刷・流通・保管するコストがかかります。現金を銀行に運ぶには警備会社の厳重な警備付きのトラックが必要です。銀行の支店では毎日の終わりに現金を数える作業を行っています。街中にあるATMに現金を補充するのにもコストがかかっています。お店もその日の売上を保管するために金庫を用意しなければなりません。

現金はまた、データとしての取り扱いには向いていません。家計簿をつけたことがある人はご存知でしょうが、レシートを見ながら金額を書き込んだり、レシートがない支払いを思い出したりするのはかなり面倒な作業です。現在PFMに代表される個人の支出管理をサポートするサービスが数多くありますが、このサービスの最大のボトルネックが現金の支払いのデータ化です。利用者が現金で支払いをするたびにスマートフォンに金額を記入してくれればいいのですが、そうもいきません。そこでPFMサービスではレシートをスマートフォンで撮影すると、そのレシートの情報を読み取って自動的にデータ化してくれる機能を提供しています。しかしこのような機能もクレジットカードや電子マネーで支払うことが普通になれば必要ないサービスといえます。

現金の利用は徐々に縮小する方向に世界は動いています。特に北欧諸国の取り組みは注目に値します。デンマークではすでに国民の3分の1が、同国最大のダンスク銀行（Danke Bank）のスマートフォンアプリのモバイルペイを利用しています。そしてレストランやガソリンスタンドなどの一部の店舗では現金での支払いを断ることができるような法律の制定が検討されています。スウェーデンでは、80％の小売店での決済は電子決済で行われているといわれています。デビットカードの普及率は人口の97％に達しています。電子決済の比率は非常に高く、商品やサービスの現金決済は全体の3％にすぎません。銀行の支店すらもキャッシュレス化しています。現金がまったくない支店が大半なのです。スウェーデンでは2011年に9000件もあった銀行強盗件数が2012年には21件まで減少したというデータもあります。

日本では大都市圏を中心にスイカなどを中心とした交通系の電子マネーが広く普及しています。また大手流通企業の発行する電子マネーの利用者も徐々に増えています。しかし日本ではさまざまな電子マネーの規格が氾濫しており、対応する店舗の負担が大きいという課題が指摘されています。また高齢者にとって電子マネーやスマートフォンのアプリを使いこなすことは大きな負担です。これらの事情を踏まえたうえで、現金の比率を下げていくための取り組みが求められています。

第Ⅱ章　進化するフィンテック

「フィンテック」という単語が意外と以前から使われてきた言葉であること、そして最近になって一躍脚光を浴びていることについて前章で説明しました。ただ最近メディアで連日のように取り上げられる「フィンテック」の中身は千差万別です。「あれもフィンテック、これもフィンテック」といった印象があることは否めません。

こうなると、フィンテックに関心を持っている人たちも混乱します。フィンテックに明確な定義や厳密な範囲が定まっていないことがこのような混乱の原因ではあるのですが、このような混沌とした状況が続いてしまうと、フィンテックは「バズワード」、言い換えれば「一過性のブーム」にすぎないのではないかという懐疑論も出てきてしまいます。

私も最近のフィンテックを取り巻く状況はある種の「ブーム」であると感じていますが、それ以上に、「フィンテック」という言葉に対してその人が抱いているイメージがばらばらなため、このような混乱を招いているのではないかと思います。まず一度「フィンテック」という言葉の意味するものの交通整理が必要でしょう。

この章では「フィンテック」という概念の「進化」の姿を示したいと思います。そもそも金融とＩＴは「フィンテック」という言葉が登場する以前から切っても切れない密接な関係があります。この過去の経緯を簡単に振り返ったうえで、現在「フィンテック」というキーワードで語られているものを時間軸に沿った観点で整理したいと思います。つまり「以前から金融領域で活用されてきたＩＴ」としてのフィンテックから、「スタートアップ企業が金融領域に挑戦するためのＩＴ」としてのフィンテック、さらに「金融サービスを組み替えるＩＴ」としてのフィンテック、そして最後に「新たなＩＴによって変貌する金融の姿」を実現するフィンテックです。

1　金融業界のＩＴ活用の歴史

海底ケーブルの敷設から始まった

「金融業界のＩＴ活用」というと、どのような技術を思い浮かべるでしょうか。証券取引所の壁を流れる株価の電光掲示板みたいなものでしょうか。それともトレーディンググルームでたくさんの液晶ディスプレイに囲まれたトレーダーの姿でしょうか。ここでは大胆にも19世紀にさかのぼります。

金融ビジネスにとって情報の価値は計り知れないものがあります。他の人よりも早く重要な情報を手に入れることは大きな価値をもたらします（不法な手段で手に入れた情報を活用してはいけませんが）。19世紀当時、金融の中心はヨーロッパ、その中でも特にイギリスのロンドンが金融の中心でした。当時ロンドンには世界中のあらゆる情報が集まっていました。

当時電信技術はすでに実用化されていましたが、それはあくまで地上の電信網でした。ヨーロッパ大陸の情報をより早く手に入れるため、1851年、フランスとイギリスの間のドーバー海峡に海底ケーブルが敷かれました。その後、1858年には大西洋を横断する海底ケーブルが敷設されています。このケーブルによってロンドンとニューヨークの株式取引所の間での通信が可能となりました。

コンピュータで機械化する金融

その後、20世紀半ばにコンピュータが登場します。1946年に世界初のコンピュータであるエニアック（ENIAC）が発表されてからわずか4年後に世界初の商用コンピュータであるユニバックI（UNIVAC I）が発売されました。当初は公的機関での利用が主体でしたが、金融機関もかなり早い時期からコンピュータをビジネスに取り込みました。1955年2月にユニバック120が初めて日本に輸入され、兜町の東京証券取引所と野村證券で初稼働しています。その後、銀行では主に預金や為替などを管理する勘定系システムに数多くのコンピュータが導入されていきます。

これ以降、金融ビジネスは一気に「機械化」が進展します。銀行では、それまで手作業で行っていた預金口座元帳の記帳、現金預入・払出などの金融取引にコンピュータが導入され、さらにネットワークを用いてオンラインで処理することで、正確かつ素早い取引が実現されました。さらに現金自動支払機（CD：Cash Dispenser）や現金自動預払機（ATM：Automated Teller Machine）なども登場し、金融ビジネスの機械化はさらに進みます。

機械化による大量処理を実現した金融システムは、膨大な顧客（口座）を持つようになりました。この膨大な顧客を管理するためのシステムが開発されます。顧客情報ファイル（CIF：Customers' Information Files）を核とした、いまでいう顧客管理システム（CRM）の走りともいえるシステムが整備されます。また、ATMの普及に伴い、磁気情報が付いた通帳やキャッシュカードが発行されることで、お金を「電子的な情報」として扱うインフラが整備されました。

さらに、高度な数学理論にもとづいた、デリバティブと呼ばれる金融派生商品の登場にもＩＴの存在は不可欠のものでした。高度なリスク計算やプログラムによる自動発注などにＩＴがふんだんに活用されるようになります。また「高頻度取引」と呼ばれる超高速で行われる金融取引があります。この取引はアルゴリズムと呼ばれるプログラムの指示にしたがって１０００分の１秒（ミリ秒）単位で取引を行うものです。この高頻度取引は超高速なサーバーや最先端のネットワーク技術が用いられています。金融業界は常に最新のＩＴを活用し続けるフロントランナーというべき存在です。

インターネットの出現による変化

しかしインターネットの登場以降、この流れは徐々に変わりつつあるようです。これまでの金融ＩＴは、金融機関自らがさまざまな規格や仕様を定め、ハードウェアとソフトウェアのすべてを設計して構築してきました。当然このような大規模なシステム構築には莫大な投資が必要なので、厳密な計画を立てて数年に及ぶ長期間のプロジェクトを着実に実行する体制が必要でした。

ところがインターネットが登場してからは、インターネットで広く利用されている世界的な標準規格を利用し、低価格で提供されるハードウェアやネットワーク、そしてパッケージソフトなどを利用することが可能になりました。このような環境のもとでは、厳密な計画や数年にわたるプロジェクトを遂行するというやり方では変化に素早く対処できないという問題が生じてきました。また計画的かつ長期的なやり方は高コストで硬直的な体制になってしまいやすいという弊害もありました。

またインターネットの世界には「ベストエフォート」という考え方があります。「ベストエフォート」を直訳すると「最大限の努力」という意味になりますが、実際は「サービスの品質はある程度しか保証しないよ」という意味です。金融機関は安全性と安定性を何よりも重視するシステム開発を行ってきました。しかし、このやり方はインターネットの世界で求められるやり方とはある意味相容れないものです。現在の金融機関のIT活用には大きな変化が求められています。

ただし、金融インフラは社会を支える非常に重要なシステムです。このようなシステムに高い安全性と安定性は不可欠のものであり、これまで培ってきた堅牢なシステム開発のやり方は将来的にも絶対に必要です。金融機関は既存の伝統的なIT活用スタイルと「インターネット時代」に適合するスタイルを共存させる必要に迫られています。

2　FinTech 1.0：ＩＴによる金融の効率化

いままでも金融の世界では常に新しい技術が業務の効率化や高度化に利用されてきました。現在、既存の金融機関でも新たなＩＴを活用した効率化・高度化が進みつつあります。

バックオフィスの効率化を目指すフィンテック

金融機関のシステムは大きく分けて、利用者との接点に近い「フロント」、実際に発生した取引の事務処理を担当する「ミドル」、そしてフロント、ミドルを支援する、間接的な業務を行う「バックオフィス」の3つに分類されます。バックオフィスの業務には経理、会計、財務、人事、労務、法務、総務などが含まれます。このバックオフィスの中でも近年コンプライアンス（法令遵守）領域でのフィンテック活用が注目されています。

金融機関はさまざまな法律や規制に準拠することが求められます。近年相次ぐテロ事件や金融犯罪の発生、またリーマン・ショックなどの金融危機を受けて、これらの規制は年々厳しくなっています。

テロ事件などを受けて強化されたのが「アンチマネーロンダリング（頭文字をとって「ＡＭＬ」と略されます）」規制や「テロ資金供与対策」規制などです。一方、金融危機によって金融システムが破綻する事態を避けるため、金融機関に過剰なリスクを抱える経営をしないようにきちんとリスクを管理する経営が求められています。こちらは「バーゼル規制」や「ＢＩＳ規制」などが代表的な規制です。

フィンテック活用の一例がアンチマネーロンダリングで求められる「ＫＹＣ（Know Your Customer：ノウ・ユア・カスタマー）」領域での活用です。現在、金融機関に口座を新しく開こうとすると、厳重な本人確認が必要とされます。これは口座が犯罪者やテロ集団に活用されないようにするために、口座を開こうとする人が犯罪に関連していないか、また誰か他人になりすまして口座を不正に開設しようとしていないかを確認するためです。また、適正に開設された口座だとしてもそれが悪意のある第三者に悪用されてはいけません。

日本でも振り込め詐欺や株価操縦のような金融犯罪、反社会的勢力が不法に入手した資金への対策が強化されています。このような規制に対応するために、過去に犯罪にかかわった企業や個人のデータベースを整備したり、不正が疑われる取引を検出したりする技術が数多く利用されています。例えばマネーロンダリングが疑われる取引のパターンを人工知能に学習させ、日々の膨大な取引の中からマネーロンダリングが疑われる取引を即座に検知する技術などはすでに実用化されています。

また適正なリスク管理を行うための取り組みを「リスクマネジメント」と総称しますが、このリスクマネジメントの領域でも新たな技術が活用されています。リスクマネジメントでは、高度な統計・確率論を駆使したリスク予想やシミュレーションを行う必要があります。この領域では素早く大量のデータの計算を行わなければなりません。そのためにビッグデータやクラウドコンピューティングを活用する取り組みが進められています。

年々厳しくなる規制に対応するため、金融機関は積極的に新しいＩＴを活用しています。またこれらの規制に対応するサービスを提供するフィンテック企業も誕生しています。最近、これらの規制に対応するフィンテックを「レグテック（RegTech：Regulation Technology）」と呼ぶこともあります。

決済の高度化

ここでの決済とは私達が買い物をしたときにレジでお金を支払ったりする決済ではなく、

主に金融機関や企業の間での資金のやり取りを指すものです。

現在、世界中でITを活用した決済高度化の検討が進められています。日本でも金融庁を中心に、決済の高度化の具体的取り組みが検討されています。主な取り組みとして「国際標準への対応」「送金フォーマットのXML電文化」「仮想通貨への対応」「多国籍企業の資金管理への対応」「電子記録債権の強化」などが挙げられています。

これまでの決済サービスは、基本的に銀行が取り扱う主に国内での取引を中心としたサービス分野でした。しかし、最近は決済分野でもさまざまなイノベーションが起きています。そしてこれらのイノベーションは、主にフィンテック企業を含む銀行以外のプレーヤーによって生じたものです。この変化に対応するためには、従来の銀行を中心とした閉じられた構造を転換し、銀行以外の多様なプレーヤーが参加できる環境整備が進められています。国内にとどまらず、アジアやグローバルなレベルでの標準化への対応も重要です。

より安全な金融取引のためのセキュリティ向上

警察庁の報告によると、2015年中のインターネットバンキングを通じて行われた不正送金の被害額は約30億7300万円と、前年をさらに上回って過去最高を更新しました。

これらの犯罪に利用される不正プログラムは数多くあり、新たな手口も次々と出現しています。

このインターネットバンキングの犯罪の防止が難しいのは、利用者のＰＣや利用するブラウザが狙われるため、金融機関だけでは対処することができない点です。

利用者側が、ウイルス対策ソフトの導入や各ソフトウェアを最新の状態へ更新するなどの対策をとることは有効ですが、徹底することはなかなか難しいものがあります。またワンタイムパスワードの利用も広がってきていますが、ＰＣそのものがそれらのパスワードを流出させる不正なプログラムに感染していた場合、ワンタイムパスワードも無力になってしまいます。そのため、最近の対策としてＰＣだけでは取引が完結しないような仕組みが登場しています。

代表的な例は、スマートフォンなどを利用した生体認証をインターネットバンキングなどの認証に利用するというものです。生体認証システムは、指紋、手のひらや指の静脈、瞳の虹彩といった身体的特徴や、筆跡、まばたきをするときの表情や歩行するときの動きなどの行動的特徴を利用します。こうした生体認証システムは、「第三者によるなりすまし」が難しい認証システムです。

オランダのＩＮＧ銀行では、ネットバンクの取引のパスワードに、利用者の音声を活用しています。ネットバンクで取引をする際に、ある特定のフレーズをスマートフォンに向けてしゃべることで、その取引が本人によって行われていることを確認する仕組みです（ちなみにそのフレーズは「My voice is my Password（私の声がパスワード）」です）。またスマートフォンのカメラで自分の顔写真を撮影して認証を行う「セルフィー認証」を大手カード会社のマスターカードが試験的に導入しています。このセルフィー認証では事前に撮影された顔写真を利用されるのを防ぐために、撮影の際カメラの前で「まばたき」をする必要があります。

ちょっと変わったところでは、カナダのバイオニム（Bionym）が開発したナイミ（Nymi）というリストバンドは、その利用者の心臓の鼓動の波形を記録してユーザーを認証する装置です。心臓の鼓動の波形は真似をすることも盗まれることもありませんので、これまでにない強力なセキュリティ対策になります。

２０１６年5月、住信ＳＢＩネット銀行が不正送金を未然に防止する特許を取得したことがニュースになりました。普段持ち歩いているスマートフォンを認証手続きに利用することで、トークンなど別の認証デバイスを持ち運ぶことなくより高度なセキュリティを実現する認証サービスです。金融機関主導のセキュリティ向上の取り組みとして非常に注目されます。

新たなチャネルの拡大とチャネルの統合

金融機関は伝統的に支店を中心として発展してきたビジネスです。しかしインターネットの登場以降、物理的な店舗のみでビジネスが完結することはなくなりました。金融機関もインターネットを新たなチャネルとしてすでに活用していますが、近年はさらに新たなチャネルへの対応が求められています。新しいチャネルの代表が「モバイル」と「SNS」でしょう。

スマートフォンを中心としたモバイルチャネルが重要なのは「いつでも、どこでも」利用できる点にあります。PCはその前に座っていないといけませんし、使いたいと思っても電源を入れてブラウザを立ち上げてその銀行のサイトに行って、という手間がかかってしまいます。一方スマートフォンですと一回画面にタッチするだけでそのサービスにアクセスできます。ユーザーエクスペリエンス（UX）として見た場合、ブラウザ経由で利用するサービスよりもスマートフォンアプリのほうがはるかに優れています。またセキュリティの面でもスマートフォンのほうが優れている点が多くあります。

しかし現状の金融機関が提供しているスマートフォンアプリはウェブサイトの延長として作られているものが大半であり、スマートフォンの特徴を最大限活かしたものとはお世辞にもいえません。一方でネオバンクやチャレンジャーバンクと呼ばれる、モバイル専業銀行であるアメリカのシンプルやキャピタルワン（Capital One）、イギリスのアトムバンク（AtomBank）などは最初からスマートフォンでほぼすべてのサービスを提供することを目指しています。チャネルとしてのスマートフォンをいかに活用するかが今後の金融機関の競争力を左右しそうです。

そして、もう1つの新たなチャネルがSNS（ソーシャルネットワークサービス）です。フェイスブックの月間アクティブユーザーは2015年末で15億人に達したといわれています。またメッセンジャーサービスも急速にユーザーを増やしています。日本ではLINEが有名ですが、海外ではワッツアップ（WhatsApp）、中国ではウィーチャット（WeChat）などのメッセンジャーサービスも数億人のユーザーが利用しています。

これらのSNSも新しいチャネルとして大きな可能性を秘めています。ただしこれらのSNS上で金融サービスを提供するわけではありません。このチャネルは顧客からの問い合わせや情報提供といった、顧客との日常的な関係強化のためのチャネルとして利用されていくでしょう。

金融機関は顧客からの問い合わせが非常に多い業種の1つです。扱っているサービスの種類が多く、また事務手続きが複雑なのが最大の原因なのでしょうが、パンフレットやネットに掲載されている説明がわかりにくいというのも事実でしょう。こういったサービスに関する問い合わせや質問に回答できるようなチャットボットと呼ばれる新たな技術の活用が始まっています。

そしてこれらの新しいチャネルであるモバイル、SNSと、既存の店舗、インターネット、電話も含めたあらゆるチャネルをつなぎ合わせた「オムニチャネル」化が求められます。「オムニチャネル」の「オムニ」とはラテン語で「すべて」を意味する言葉です。オムニチャネルはただ単に複数のチャネルをつなげるだけではありません。あるチャネルから別のチャネルに切り替えたときもシームレスにサービスがつながっていることが必要です。これは裏返せば、すべてのチャネルで得た顧客の行動データも統合してマーケティングに活かすことが求められます。

この領域でのフィンテックは主に金融機関がその革新を担う領域でもあります。またいままでの金融領域でのＩＴ活用が目的としていた「金融サービスの効率化・高度化」と同様の目的を目指すものであるためこのような領域のフィンテックを「フィンテック１．０」と呼ぶことにします。

3　FinTech 2.0：金融ビジネスの「ディスラプター（破壊者）」たちの台頭

金融の分解（アンバンドリング）

フィンテックの議論でよく目にする絵があります。これはアメリカのウェルス・ファーゴ銀行のウェブサイトのトップページを背景に、ウェルス・ファーゴが提供しているさまざまな金融サービスと同様のサービスを提供しているフィンテック企業のロゴを当てはめたものです。

これを見てわかるように、いまや銀行の提供するあらゆる金融サービスがすでに何らかのフィンテック企業によって提供されているといっていい状況が訪れています。このようにフィンテックは、新たなテクノロジーを活用してそれまで一体として提供されていた金融機能を分解していきます。この分解を「アンバンドリング」と呼びます。

図Ⅱ-1　銀行機能のアンバンドリング

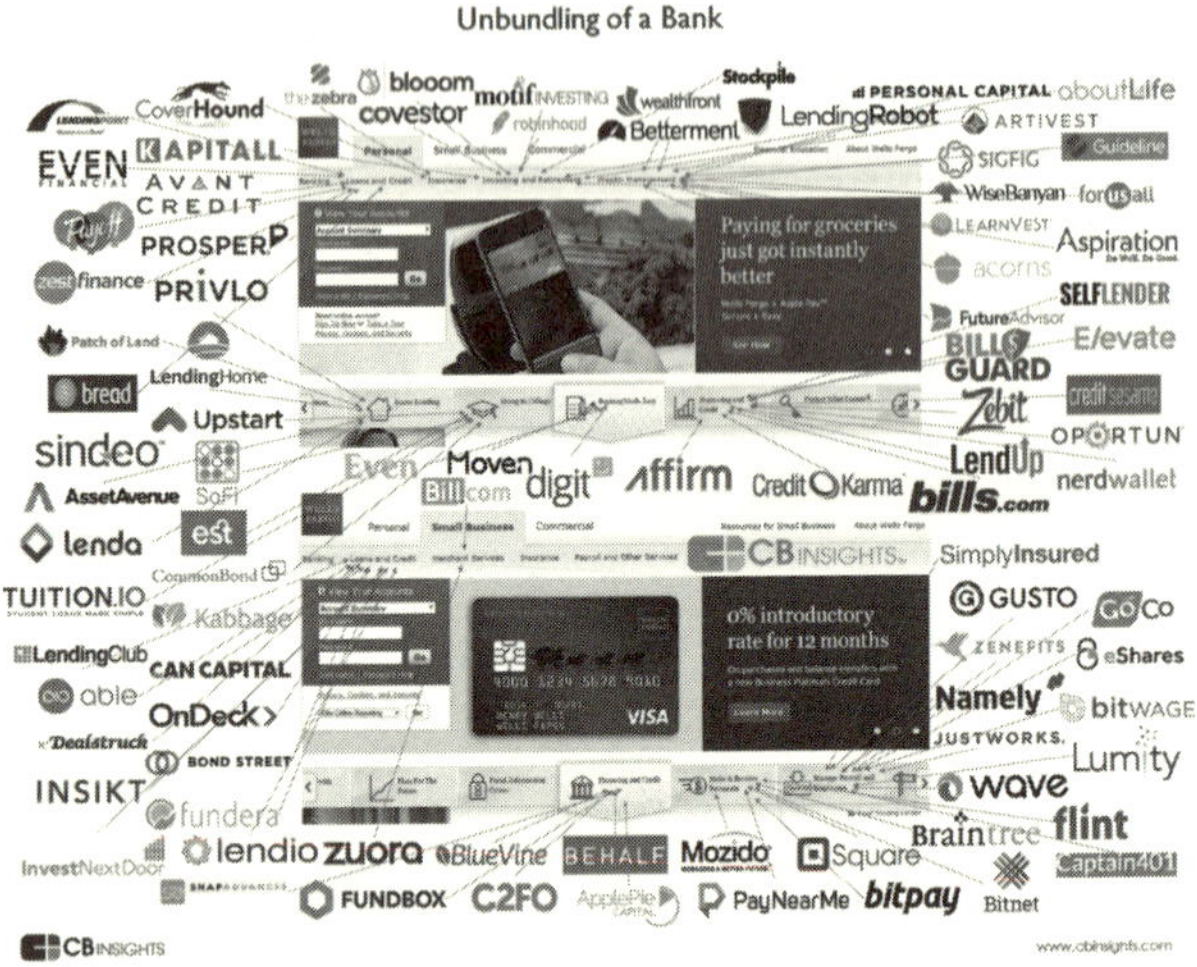

（出所）Disrupting Banking: The FinTech Startups That Are Unbundling Wells Fargo, Citi and Bank of America
https://www.cbinsights.com/blog/disrupting - banking - fintech - startups/

このアンバンドリングを実際のサービスで考えてみましょう。例えば住宅ローンでは、ある人にお金をいくらまで貸せるかの返済能力を審査し（「与信」と呼ばれるプロセスです）、契約書を作って担保を登記し、実際に口座にお金を振り込み、月々のローンを回収し、もし返済に問題があればローンを回収するという一連のプロセスに分けられます。このプロセスの中で「ある人の返済能力」を検討するのにビッグデータを活用して高い精度で予測できる企業が出てきたとします。この企業の与信結果が銀行よりも正確であればお金を借りたい人はこの企業に与信を任せるほうが合理的です。さらに信頼性の高い与信結果が公開されたとしたら、銀行ではなく個人でその人にお金を貸してもいいという人が現れるかもしれません。これを実際に行っているのがＰ２Ｐレンディングと呼ばれるサービスです。

金融機関にとって自分たちの金融サービスのアンバンドリングは収益機会の喪失を意味します。そして収益機会の喪失は、金融機関の売上、利益そして雇用を減らすことにつながります。コンサルティング会社のマッキンゼー&カンパニーは、２０１５年９月に発表した『グローバルバンキング・アニュアルレビュー』の２０１５年版の中で、今後10年間で、フィンテックによって銀行の売り上げが40%減少し、利益は60%減る可能性があると予測しました。またアメリカの大手銀行シティグループは２０１６年３月の『デジタル化による破壊（Digital Disruption）』というレポートの中で、アメリカの銀行の従業者数は２０１５年の２５７万人から２０２５年には１８０万人に減少する可能性があるとのショッキングな予測を発表しました。その意味でアンバンドリングを狙うフィンテック企業は金融機関にとって「破壊者（ディスラプター）」となりうるのです。

利用者の選択肢が広がる

一方、利用者の立場からすればアンバンドリングは歓迎すべきことです。利用者にとってどこの銀行からお金を借りるかというのは、実はそれほど重要なことではありません。利用者にとって重要なのは自分に最も適したローンが提供されることです（そしてそれは最も安い金利を意味するでしょう）。利用者にとってフィンテックは新たな選択肢の1つになりつつあります。

実際、英国のP2Pの海外送金サービスを手がけるトランスファーワイズが、北米、アジア、欧州の9000人を対象に実施したアンケートでは、「銀行サービスの代用としてフィンテックサービスを利用したことがある」との回答が32％になりました。ここで利用されたフィンテックサービスはアップルペイやアンドロイドペイなどのモバイルペイメントサービスや、ロボアドバイザーなどが含まれます。さらに「5年以内に利用を開始すると思う」という回答が48％、「将来的にフィンテックをメインサービスとして利用すると思う」という回答が32％となっています。

現在起きている金融サービスのアンバンドリングと、それによって引き起こされる金融業界の破壊を意味するフィンテックを本書では「フィンテック2・0」と名づけました。

4　FinTech 3.0：機能も情報も部品になる

急増するＡＰＩ

ＡＰＩ（Application Programming Interface）とは、あるソフトウェアから別のソフトウェアの「機能」を呼び出す手順や仕組み、規則を指す言葉です。もともとはシステム開発のプログラミングの世界で使われていた言葉ですが、近年のウェブサービス上でのさまざまなサービスをつなげるための仕組みとして、もう少し広い意味で使われるようになりました。ウェブサービス上でのＡＰＩは特に「ウェブＡＰＩ（Web API）」と呼ばれることもあります。

ウェブＡＰＩの代表的な例として、最も有名なのはグーグルマップでしょう。グルメ検索サイトや旅行サイトなどで、お目当てのレストランやホテル、観光地のくわしい地図をよく見ると、グーグルマップの地図が使われているのをご覧になった方も多いでしょう。

ＡＰＩは外部のプログラムやサービスやデータを「部品」として活用できる仕組みです。グーグルマップの場合はグーグルが提供する地図画像データや経路検索などの機能を部品として活用することができます。アマゾンの提供するＡＰＩを使えば、商品紹介や注文処理、支払処理までもが利用できます。

現在利用可能なＡＰＩが数多く公開されています。利用可能なウェブＡＰＩの検索サービスを提供しているプログラマブル・ウェブ（ProgrammableWeb）に登録されているＡＰＩは、２０１６年６月現在で３万種を超えています。

金融領域でのＡＰＩの活用は、当初、いわゆるフィンテック系のスタートアップ企業から始まりました。例えば、マーケットデータを提供している米国企業のエシグナイト（Xignite）は、主要な株式市場や為替などのマーケット情報をＡＰＩ経由で提供しています。導入に際して初期費用がかからず、利用料に応じて課金される同社のサービスは、ネット系証券会社や、フィンテック系スタートアップ企業の多くに利用されています。

フィンテック２・０では、さまざまな金融機能がアンバンドリングされていきます。これらのアンバンドリングされた機能がバラバラに提供されているのでは使い勝手はあまりよくありません。これらのアンバンドリングされた機能を組み合わせることでより便利なサービスが生み出されます。ここでＡＰＩが威力を発揮します。分解された機能をお互いがＡＰＩとして提供し、お互いの機能を部品として活用することで既存の金融機関に匹敵するサービスを生み出すことが可能になります。そしてお互いがお互いを活用する中で、サービスの標準化が生み出されることも期待できます。

AIとブロックチェーンがカギとなる

APIとならんで重要な技術が「人工知能（AI：Artificial Intelligence）」と「ブロックチェーン」です。

ライフログに代表されるビッグデータを活用するには大量の計算と高度な分析が不可欠です。いままでは優秀なプログラマーやデータサイエンティストと呼ばれる人たちが試行錯誤を繰り返していたのですが、人工知能が登場したことでこの状況が大きく変わりました。

人工知能の歴史や技術、具体的な活用事例については後ほどくわしく触れますので、ここでは人工知能がなぜフィンテックの進化に影響を与えるのかを説明します。金融業界はもともと大量のデータを蓄積している産業です。そして人工知能が登場する前からさまざまな業務でデータ分析が行われてきた業界でもあり、すでに多くの知識やノウハウが存在しています。しかしビッグデータを活用するには、それまでのデータ分析の経験では対処できないことが徐々に明らかになりつつあります。大量のデータを効率よく分析し、意味のある結果を得るには人工知能を活用することが不可欠になりつつあります。

そして、金融の仕組みを根本から変革してしまう可能性のある技術が登場しました。仮想通貨のビットコインを支える「ブロックチェーン」です。ブロックチェーンについても後ほどくわしく見ていきますが、もしかするとブロックチェーンは金融業界がこれまで築き上げてきた複雑かつ堅牢な仕組みを、非常にシンプルな仕組みに置き換えてしまうかもしれません。いまだ未知数な点も多いのですが、現在最も活発に研究や実験が行われている分野です。

このようにAPI、AI、ブロックチェーンといった技術は、アンバンドリングされた金融機能を新たに組み合わせ、金融サービスに革新をもたらす可能性のある技術です。アンバンドリングされた金融機能が新たな進化を遂げる段階を「フィンテック3・0」と呼びたいと思います。

5　FinTech 4.0：金融ビジネスが新たなかたちでつながる

「エコシステム」が登場する

金融ビジネスがアンバンドリングされる「フィンテック2・0」、そしてそれらのアンバンドリングされた金融サービスがAPIを通じて「部品」として機能する「フィンテック3・0」を経た次のステージが「フィンテック4・0」です。ここでのキーワードは「リバンドリング」です。

「リバンドリング」とは「アンバンドリング」の対義語で、「再統合」という意味です。フィンテックは金融機能をアンバンドリングしていくわけですが、フィンテック2・0で示したウェルス・ファーゴの図にあるように、あらゆる金融機能が個別の企業から提供されるというのは利用者から見ればあまり便利なものとは思えません。

以前、インターネットが急速に普及を始めた21世紀初頭、さまざまなインターネットサービスが生まれました。聞いたこともないようなベンチャー企業が出したサービスが一夜にして市場を席巻し、それまでの主要なサービスを駆逐している光景を何度となく目にしました。そして私たちはいろんなサービスのＩＤとパスワードを数えきれないくらい登録してサービスを利用していました。

しかしその状況は徐々に変わっていきます。１つは「ポータル」と呼ばれる多様なサービスの玄関口といえる巨大なプレーヤーの登場でした。ヤフーに代表されるポータルは、その傘下にさまざまなサービスを統合し、利用者はヤフーのアカウントさえ持っていればいろいろなサービスが利用できるようになりました。メール、カレンダー、映画情報、グルメ情報、ブログなどなど。

そして現在、スマートフォンの普及とクラウドコンピューティングの登場が新たな状況を生み出しています。現在のインターネット産業は、ネットワークとその上で動くサービスに加え、そのサービスにつながるモバイル端末、そしてそのモバイル端末上で動くアプリといったさまざまな要素が連携・補完しながら成長・拡大する構造になっています。このような多様な参加者が協調して成長・拡大を目指す構造を、自然界の生態系になぞらえて「エコシステム」と呼びます。代表的な例はｉＰｈｏｎｅを中心としたアップルのエコシステムなどでしょう。

このような「エコシステム」が金融の世界にも登場する、もしくは既存のネット上の「エコシステム」が金融機能を取り込んでいく段階を「フィンテック4・0」と名付けたいと思います。

金融のエコシステムの事例をいくつか取り上げてみましょう。1つはアメリカの投資銀行であるJPモルガンのケースです。JPモルガンは、自社の中小企業向け貸出の与信審査にフィンテックベンチャーであるオンデック（OnDeck）の人工知能を活用した与信モデルを採用することを発表しました。自社のビジネスプロセスにまったく異なる組織のサービスを組み込んだのです。

またもう1つは中国のSNS企業の大手である「ウィーチャット」です。ウィーチャットは日本のLINEなどに似たメッセンジャーサービスを提供する企業です。ウィーチャットのユーザーはなんと6億人を超えています。中国の国民の約半数が使っている計算になります。

このウィーチャットは、友人同士が互いの携帯電話にQRコードを送ることで簡単に送金ができます。またウィーチャット上のアプリには映画の前売り券の購入ができるアプリがあります。そして映画を見終わった後は帰宅のタクシーを予約し、支払いもウィーチャットのアプリで済ませられます。そしてこれらのアプリはすべてウィーチャットが提供しているＡＰＩを利用して作られています。

このようにアンバンドリングされた金融サービスがＡＰＩとして提供され、そのＡＰＩをつなぎ合わせることで金融機関以外の事業者も新たな金融サービスを作り出せる時代が到来しようとしています。金融の世界にも新たな「エコシステム」が誕生しつつあるのです。そしてインターネットの世界で起きたビジネスモデルの変化が金融の世界でも繰り返される可能性があります。

まったく新たな「金融」の世界へ

そしてこの時代をさらに大きく変える要素が「ＩoＴ」です。「ＩoＴ」とは「モノのインターネット（Internet of Things）」の頭文字をとったものですが、あらゆる機器、センサーがネットにつながり、互いに通信をすることで自律的なシステムとして機能する世界のことです。自動車にＩoＴが組み込まれれば、自動車は走行した分だけ課金されるビジネスモデルが当たり前になるかもしれません。そのとき自動車ローンという商品は存在しなくなるかもしれません。また自動運転が当たり前の世界になったとき、言い換えれば「事故」が起きない世界が到来したとき、自動車保険は個人が加入するものではなくなる

図Ⅱ－2　FinTechの発展ロードマップ仮説

	FinTech 1.0	FinTech 2.0	Fintech 3.0	Fintech 4.0
キーコンセプト	ITによる効率化	金融ビジネスのアンバンドリング	APIエコシステム	リバンドリング
キープレーヤー	既存金融機関ITベンダー	FinTechスタートアップ	大手およびスタートアップ	非金融機関を含む多様なプレーヤー
概要	既存の金融サービスをITで効率化	他の領域の新規技術を金融領域に適用し、アンバンドリングを目指す	アンバンドリングされた金融プロセスの標準API化が進み、サービス革新が起きる	アンバンドリングされた金融サービスが再統合
キーテクノロジー		スマートデバイス クラウド ライフログ（ビッグデータ）	API AI（人工知能） ブロックチェーン	IoT

でしょう。そこにはまったく新たな「金融」が誕生しています。

フィンテックは「金融」と「テクノロジー」を組み合わせた造語です。そしてフィンテックは「テクノロジーによる金融の変革」を暗黙のうちに含んでいる言葉です。テクノロジーが大きく進歩した先の金融の姿が「フィンテック4・0」です。

いままで見てきたフィンテック1・0から4・0までを整理したものが図Ⅱ－2です。それぞれのステージでキーとなるコンセプト、主要プレーヤー、そしてキーとなる技術をまとめてみました。

　現在メディアを賑わせている「フィンテック」は金融機能のアンバンドリングを目指している「フィンテック2・0」を中心としたものだといっていいでしょう。しかしその中には「フィンテック1・0」と呼ぶべきものも多く含まれています。またAPIが普及した段階で勃興するであろう「フィンテック3・0」の事例も見ることができます。そして、まったく新たな金融機能の姿である「フィンテック4・0」の萌芽を見て取ることもできるでしょう。これ以降、フィンテックの発展を、事例を交えてくわしく見ていきたいと思います。

第Ⅲ章　いま何が起こっているのかを押さえておこう

ここまでフィンテックという言葉が誕生した背景や、その進化について述べてきました。ここからはより具体的なフィンテックサービスについて見ていくことにしたいと思います。まずは現在すでに始まっているサービスについて見ていきましょう。この章ではフィンテックベンチャーにかぎらず、現在金融の世界で起きている技術革新とそれによって生まれたサービスを扱っています。

最初に現在起きている技術革新を「金融のデジタル化」という観点で整理しています。「デジタル化」が金融ビジネスに与える影響を「お金」「情報」「チャネル」「人とのつながり」の観点から分析しています。そのうえで、すでに実現されているサービスをデジタル化の観点から説明していきたいと思います。

1 「金融のデジタル化」とは？

フィンテックというキーワードが注目を集めるよりも前から、「金融のデジタル化」というコンセプトが金融業界では長く課題として議論されてきました。ここではいったん「デジタル化」とは何かという整理をしたいと思います。なぜならフィンテックで起きている変化はこのデジタル化と密接な関係があるからです。

「デジタル化」とはどういうことか

デジタル化とは言葉どおりの意味では「アナログ情報をデジタル情報に置き換えること」です。ただこれだけではデジタル化の意味がいまひとつわかりにくいので、デジタル化によってもたらされる変化を6つにまとめてみました。

①時間や空間の制約がなくなり、相手が世界中のどこにいても、いつでも情報のやりとりができるようになる
②情報を流通させるコストが劇的に低下する
③情報を複製するコストが事実上ゼロになるので多くの人が情報を共有できる
④情報を保存することができる
⑤情報をコンピュータで計算・分析することができる
⑥情報のサイズを自由に変えることができる

ちょっと⑥の「情報のサイズを自由に変えることができる」というのはわかりにくいかもしれません。アナログのお金では「1円」が最も小さい単位です。デジタル化の例として例えば株価を考えてみましょう。いま、日本の株式市場で扱われている株価に小数点以下の価格が付いていることはご存知でしょう。株価をデジタル情報として扱うことで価格の最小単位を「1円」から「0・01円」といったもっと小さいサイズにすることができるのです。これがデジタル化によるサイズの自由な変更の1つの例です。

このようなデジタル化がさまざまな金融サービスを変えつつあります。

お金のデジタル化

デジタル化されたお金はすでにみなさんも利用しています。銀行口座に振り込まれている給料やネット証券での株の売買などはすべてデジタル化されたお金を利用しています。このようなお金のデジタル化はすでに進んでいますが、先に見たように、現金はまだデジタル化されていない領域でした。この現金をデジタル化するような新しいサービスがどんどん出てきています。

日本でいえば、スイカやナナコなどの電子マネーがあります。クレジットカードやデビットカードなどもデジタル化されたお金のやり取りを実現しています。企業が発行しているポイントサービスなどもデジタル化されたお金の一種といえます。またビットコインのような仮想通貨という「アナログの裏付けのない通貨」も登場しています。お金がデジタル化することで、お金のやり取りがすべて「情報」として記録することができるようになります。この情報を分析することで新たなサービスが生まれています。

また、デジタル化すると流通コストが小さくなるため、より少額の単位でのやり取りも可能になります。よくある冗談で「日本人全員から1円ずつ集めれば1億円以上集まる」というものがありますが、これはアナログの世界では不可能なことでした。しかしビットコインなどの仮想通貨の世界では、取引単位のコストが劇的に低下しています（とはいえさすがに1円を集めるのはまだまだ無理な相談ですが）。少額の取引が可能になることで新しいビジネスモデルが生まれつつあります。

情報のデジタル化

あらゆるお金のやり取りがデジタル化されることで、個人や企業の経済活動という「情報」がデジタル化されていきます。ＰＦＭサービスは、このデジタル化されたお金のやり取りの情報を集約して分析しています。またクラウド会計サービスはデジタル化された企業の経済活動の「情報」を集約・分析しています。

このような経済活動の情報を分析することで、その人や企業の「借金する能力」がわかるようになります。この「借金する能力」は、言い換えれば「与信能力」のことです。「情報」のデジタル化によって新たな与信モデルが生まれています。その意味で、「情報」のデジタル化は、「リスク」のデジタル化ともいえるでしょう。

個人の与信能力の新たなモデルの1つとしてレンディングクラブなどのP2Pレンディングでは、デジタル化された与信能力を貸出の審査に利用しています。またネットのeコマースのプラットフォームを提供している企業は、出店企業に対して売上データをもとにした融資サービスを行っています（商流レンディングやトランザクションレンディングと呼ばれます）。これも企業の活動をデジタル化した与信の新たなモデルです。

チャネルのデジタル化

デジタル化によって、現金を取り扱う必要がなくなるとチャネルもデジタル化できるようになります。現金を扱うにはさまざまな装置が必要です。まずお金を入れておく財布が必要です。お店ならレジが必要ですし、そのレジを操作する従業員も必要でしょう。売上のお金を保管しておく金庫もないと困りますし、そのお金を預ける先の銀行も、物理的な金庫が必要になります。お金を運ぶにも警備会社のトラックと警備員にお願いしないといけません。しかし、お金がデジタル化すればこれらの装置や人は必要なくなります。

そうすると、金融にかかわるサービスはネットワーク上の情報のやり取りですむようになるのです。そしてネット上のクラウドサービスと、みなさんの手元にあるスマートフォンで、ほぼすべてのやり取りがデジタル化されたチャネルによって完結できるようになります。

人とのつながりのデジタル化

そして最後にSNSを通じて、リアル社会での人とのつながりがデジタル化されました。誰と誰が友だちや家族なのかといった人とのつながりが、デジタル情報として記録されるようになったのです。

そして人とのつながりのデジタル化は、ネットワークを通じて「生産者・消費者」「サービス提供者・受益者」という垣根を取り去ろうとしています。

代表的な例は個人がタクシーサービスを提供するウーバーでしょう。ウーバーは車を持っている個人がタクシーの代わりに利用者を運んでくれるサービスです。このウーバーのドライバーは、普段はタクシーの利用者でもあります。もしかしたら普段はウーバーを利用しているかもしれません。ウーバーでは「提供者」がときには「受益者」になることもあるのです（このようなサービスを「シェアリングエコノミー」と呼びます）。

このような「提供者・受益者」の垣根が取り払われる動きは金融の世界でも進んでいます。それまで個人の消費者は、誰か別の人や企業が作った製品やサービスを消費する立場に固定されていました。お金でいえば、「借りる人」になることはあっても「貸す人」になることはめったにありませんでした。個人間のお金の貸し借りは昔からありますが、これは自分がよく知っている人とのやり取りが大半ですし、また物理的に親しい人向けの関係がほとんどでした。

しかし現在、Ｐ２Ｐレンディングやクラウドファンディングなどでは、個人が貸し手にもなり、また借り手にもなっています。自分が直接は知らない人であっても、その人の信用をネットワークの行動から判断することもできます。人とのつながりがデジタル化されたことによって新たな金融サービスが生まれてきているのです。

それでは「デジタル化」がもたらしたサービスを具体的に見ていくことにしましょう。

2　「入り口」のデジタル化――ＫＹＣ

新たな本人確認手段の発展

現在、金融機関にとって「本人確認」は非常に重要な課題です。本人確認は世界的には「ＫＹＣ（Know Your Customer）」と呼ばれます。この本人確認はテロや金融犯罪の増加を受けて、世界的に規制が強化されている領域です。国際的にはマネーロンダリング対策の政府間会合であるＦＡＴＦ（金融活動作業部会）によって、さまざまな規制が参加国に求められています。日本ではこのＦＡＴＦの勧告を受けて、犯罪収益移転防止法によって本人確認のさまざまな規定が定められています。

金融サービスでは、口座の開設や多額の金融取引などには、必ず本人確認が求められます。この本人確認には、顔写真の付いた本人確認書類（免許証等）によるチェックが原則として要求されます。また２０１６年5月に改正された資金決済法では、いわゆる仮想通貨の取引所に対しても、政府への登録と、利用者の本人確認が事業者に義務付けられました。

犯罪防止の観点からはやむを得ないとも思いますが、ユーザーエクスペリエンス（ＵＸ）の観点からは本人確認の負担を減らすための取り組みが求められます。サービスの申し込みから実際に初めて利用するまでをいかにスムーズにつなげるかがＵＸの肝なのですが、途中に郵送・記名、捺印・返送というアナログな手順が入り込むことは、ＵＸ的には大きなデメリットです。実際、金融サービスの申し込みに郵送での手続きが入ると申し込みが完了する比率（「コンバージョン率」と呼びます）が大きく低下するという調査結果もあります。

ネット上で完結するサービスのコンバージョン率を改善するためには、何とかオンラインで本人確認を完結する方策が求められます。現在一部の銀行や証券会社などでスマートフォンだけで口座開設の申し込みが行えるサービスが実施されています。免許証をスマートフォンのカメラで撮影し、必要事項を記入すれば郵送などの手間なく口座開設が行える画期的なサービスです。このようなサービスが今後ますます普及していくことが期待されます。

また、免許証の画像データを利用せず直接本人確認を行うインフラもあります。日本ではマイナンバーカードの公的個人認証サービスを用いた方法が注目されています。公的個人認証サービスとは、マイナンバーサービスの一環として提供される国が提供する本人確認インフラです。このサービスは、マイナンバーカード上のＩＣチップに搭載された、公的個人認証アプリを用いて行われます。

ただ、このマイナンバーカードの公的個人認証サービスを利用するには、まずマイナンバーカード（個人番号通知カードではありませんよ）の申し込みが必要です。また実際に利用するにはＰＣにカードリーダーをつなげないといけません。マイナンバーカードは利用が開始されたばかりで、普及するにはまだまだ時間がかかるでしょう。また現時点ではカードリーダーが必要なので、スマートフォンではこの公的個人認証サービスは利用できません（ただし政府もスマートフォンを利用したマイナンバーカードでの本人確認の実証実験を実施しており、早ければ２０１９年度からの実用化を目指しています）。

オンラインでの本人認証の仕組みはフィンテックの発展にとって非常に重要なインフラです。早期の実現が望まれます。

本人確認の新たな枠組み

この本人確認プロセスは利用者側だけでなく、金融機関にとっても大きな負担になっています。例えば口座開設を行う際、金融機関側に課せられている本人確認は、その人が本人であるかだけではなく、その利用者本人とその家族などが犯罪にかかわっていないかを確認することも求められます。この確認には膨大な作業が必要になることもまれではありません。またこの確認は企業の口座開設などにも適用されます。企業の場合はさらにこの確認が複雑になります（その企業の役員全員の背景の確認が求められたりします）。現在、このような確認作業を代行する企業も登場しています。

バミューダに設立されたトゥルーノミ（Trunomi）は、金融機関向けの顧客情報確認サービスと顧客のデータシェアリングを提供しています。また、イギリスのコンテゴ（CONTEGO）は、30億人の個人、1億6000万社の企業を対象にした大規模なデータベースを提供している企業です。このようなフィンテック企業のサービスを利用する金融機関が増えていくでしょう。

本人確認はグローバルに要求されている規制です。しかし国ごとにその規制には考え方の違いがあります。日本の本人確認は「特定の一時点の確認が行われていること」「リスクの比較的低い少額の取引でも本人確認を求めていること」という特徴があります。特に、後者は諸外国と比較しても厳しすぎる規制ではないかとの指摘がなされています。

例えば国内の個人間の少額の取引では、もっと簡単な本人確認手段を認め、より高額な取引や企業との取引、海外との取引などではより厳密な本人確認を求めるといったやり方が考えられます。このような取引のリスクに応じた本人確認のやり方を「リスクベース・アプローチ」と呼びます。アメリカ、ＥＵ、シンガポールなどでは本人確認手続きにこのリスクベース・アプローチが採用されています。日本の金融機関やフィンテック企業が海外に展開する際や、海外のフィンテック企業が日本でサービスを開始する場合などを考慮すると、規制の枠組みもグローバルな基準に合わせておいたほうがいいでしょう。今後の議論が待たれます。

3　もっと取引を安全に――トークナイゼーション、パスワード不要に

クレジットカード番号を守るトークナイゼーション

トークナイゼーションとは、機密情報の一部を別のデータに置き換えることで情報漏洩

に対するセキュリティを高める方法です。「トークナイゼーション」を直訳すると「トークン化する」という意味になりますが、この「トークン」とは「引換券」くらいの意味です。重要な機密情報をやり取りする際に、その機密情報そのものではなく機密情報を置き換えた「引換券」をやり取りすることで情報の安全を守るやり方です。このトークナイゼーションは、アップルが提供しているスマートフォンでカード決済を行うアップルペイに採用されたため注目を集めました。

アップルペイで用いられているトークナイゼーションを簡単に説明します。アップルペイでは事前にｉＰｈｏｎｅに利用者のクレジットカード情報を登録します。このとき、ｉＰｈｏｎｅは登録されたクレジットカード番号のうちの一部を乱数を用いてまったく異なる番号に置き換えて記録します。この置き換えられた番号が「トークン」です。一方、ここで作られたトークンは、実際のカード番号と紐付けて「トークンサービスプロバイダ」という堅牢なセキュリティで守られたセンターに保管されます。利用者がカードで決済を行う際、実際に買い物をするお店（加盟店）から加盟店の売上管理などを行うアクワイアラー、そしてカード会社までの間はこのトークンで情報がやり取りされます。そしてカード会社から実際にカード利用者に料金を請求する企業であるイシュアに対して初めて元の

図Ⅲ-1　アップルペイのトークナイゼーションの流れ

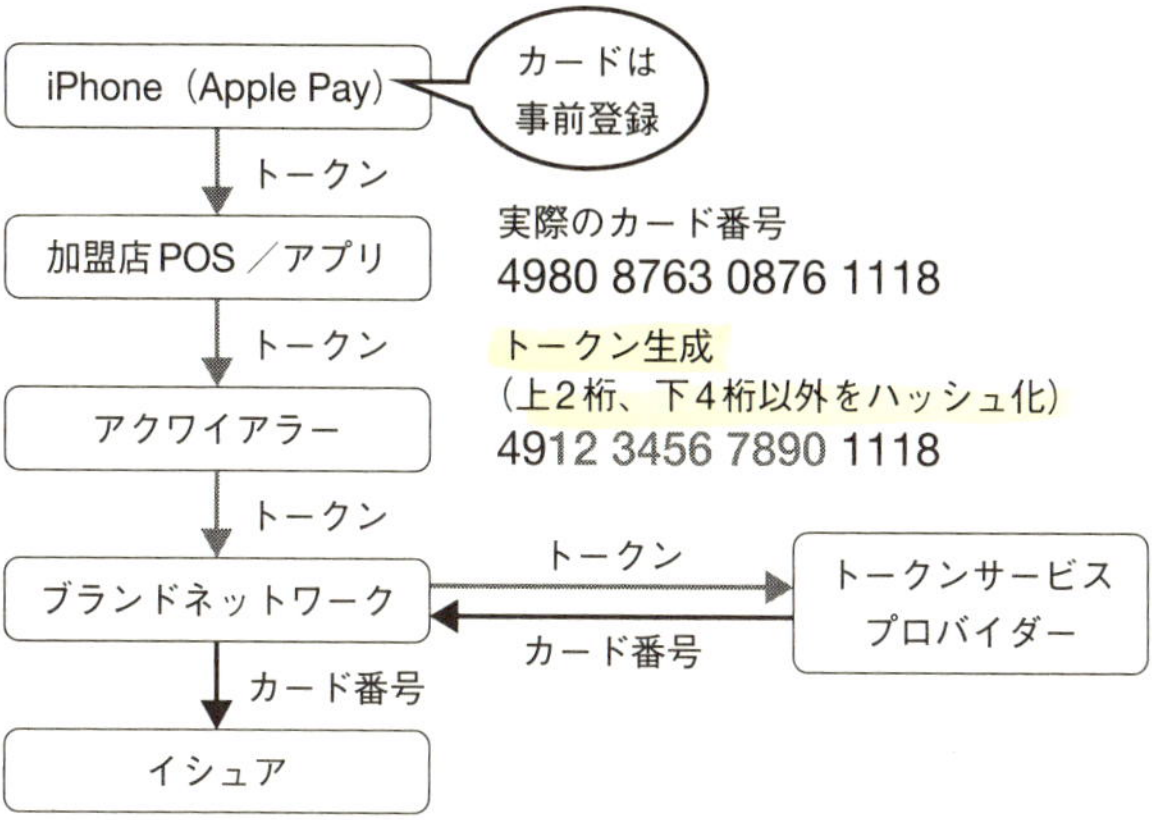

（出所）報道資料をもとに筆者作成

カード番号が通知される仕組みになっています。アップルペイで決済をする際の一連のトークンの流れを示したのが図Ⅲ-1です。

顧客のカード番号の漏洩はお店のPOSレジ、チェーン店やオンラインショッピングなどの場合はその企業の販売データベースや顧客データベースなどから発生するケースが多いといわれています。トークナイゼーションを利用すれば、お店も企業も顧客の本当のクレジットカード番号を持っていませんので、仮に顧客データベースの情報が漏洩しても、カード番号の情報は守られます。

このトークナイゼーションはアップル

ペイに続き、サムソンの提供するサムソンペイ、グーグルが提供するアンドロイドペイにも採用されることが決まっています。日本でも近いうちにトークナイゼーションを活用したサービスの開始が予定されています。

パスワードがいらなくなる日

ここでは生体認証を含めた「パスワードを使わない認証技術」であるＦＩＤＯアライアンス（Fast IDentity Online Alliance：「ファイド」と発音します）について説明したいと思います。

ＦＩＤＯアライアンスとは、指紋情報などの生体認証技術を利用した新しいオンラインの認証技術の標準化を目指す非営利の標準化団体です。ＦＩＤＯアライアンスの目標は「パスワードがいらない世界」です。現在の認証技術はパスワードを利用するものが大半ですが、パスワードにはよく知られた脆弱性があります。

- フィッシング：正規のウェブサイトを装ってユーザーにパスワードを入力させてパスワード情報を盗む手法です。銀行のログインページなどを装ったフィッシングサイトは日本でも問題になりました。

- キーロガー：ユーザーのパソコンにマルウェアと呼ばれる不正なソフトを感染させ、キーボードの入力を読み取ることでパスワードを盗み出す手法です。
- パスワードの使い回し：みなさんも経験があると思いますが、1つのパスワードを複数のサービスのパスワードとして設定して利用することによる脆弱性です。1つのサービスでパスワードが判明してしまうと、他のサービスにも連鎖的に侵入されてしまいます。

このようにパスワードには脆弱性があるのですが、この脆弱性は定期的にパスワードを変更するといった対処ではあまり効果がないという研究結果も発表されています。そこでパスワードに代わるより安全な認証技術を創り出そうというのがＦＩＤＯアライアンスの目的です。

ＦＩＤＯは2つの認証標準規格を公表しています。1つが既存のパスワードを生体認証に置き換えるための「ＵＡＦ（Universal Authentication Framework）」と呼ばれる規格で、もう1つが、パスワードを補完するための「Ｕ2Ｆ（Universal Second Framework）」です。

前者の「パスワード置き換え型（UAF）」はスマートフォンなどのモバイル端末経由でパスワードを使わずに認証を行うもので、自分の持っているスマートフォンを利用するウェブサイトに登録しておけば、そのスマートフォンで指紋認証をするだけでログインできるという規格です。この認証情報は持っているスマートフォンと紐付いて記録されるので、他のスマートフォンからログインされたりすることはありません。

もう1つの「パスワード補完型（U2F）」は、パスワードの認証に加えてもう1つ別の認証デバイスを追加することで認証を行う規格です。U2Fでは暗号化されたパスワードを格納した2要素認証デバイスが用いられます。この2要素認証デバイスは例えば「ドングル」と呼ばれる小型のUSB機器などがあります。実際に利用する際は、パソコンでウェブサイトにパスワードでログインした上で、パソコンにドングルを差し込んでもう一段階の認証を行います。

FIDOアライアンスには、現在ペイパルなどのフィンテック企業、グーグルやマイクロソフトなどのIT企業、サムスンなどのハード企業、携帯電話キャリアや銀行やクレジットカード会社などの金融機関が参加しており、2015年末の時点で250以上の団体がかかわっています。アメリカの大手商業銀行のバンク・オブ・アメリカではインターネットバンキングにこのFIDOを利用した認証技術を導入しています。銀行のサービスを使う際にパスワードの入力がいらなくなる日も近いうちに実現するかもしれません。

4　消える現金——電子マネー、モバイルペイメント

増える電子マネー

最も身近なデジタル化されたお金といえば、電子マネーが挙げられるでしょう。日本の電子マネーには大きく分けて2つの種類が規定されています。1つが「前払式支払手段」と呼ばれる電子マネーと、もう1つが「後払式支払手段」と呼ばれる電子マネーです。後者は、その名のとおり利用した額を後から支払うため、基本的にはクレジットカードと同様の仕組みといえます。後払式の代表的なサービスとして「クイックペイ（QuickPay）」などがあります。ここでは主に前者の「前払式支払手段」と呼ばれる電子マネーについて取り上げます。

前払式支払手段にも発行形式によってさまざまな種類があります。以下は日本資金決済

業協会の分類です。

・デパートの商品券や結婚式などの引き出物として利用するカタログギフト券
・カードサイズの磁気型またはICチップが埋め込まれたIC型プリペイドカード
・オンラインゲームやウェブ上のコンテンツを購入するときに使うネット上で使えるプリカ（プリペイドカード）

この中では、2つ目のICカード型プリペイドカードが最も親しみのある電子マネーでしょう。このタイプには以下の電子マネーが含まれています。専業系（楽天Edy）、交通系（ICOCA、Kitaca、PASMO、SUGOCA、Suica）、小売系（nanaco、WAON）の8社です。この代表的な8社の電子マネーの2015年の決済件数は46・8億回、決済金額は4・6兆円にのぼります（日本銀行調べ）。そしてこれらのICカードは発行枚数、決済回数、決済金額のどれも毎年伸びています。

実は、日本は普及率の点などでは世界有数の電子マネー先進国です。都市圏に住んでいる人ならたいていスイカなどの交通系ICカードを持っています。今後ICカードの利用がより増えていくことで、少額の決済のキャッシュレス化・デジタル化が進むことが期待されます。

モバイルペイメントという新たな支払手段

モバイルペイメントとは携帯電話やスマートフォンを用いた支払いを指す言葉です。こう聞くと新しいサービスのようですが、日本ではすでに「おサイフケータイ」という名前で普及しているサービスの1つです。しかし、ここでのモバイルペイメントには日本で普及しているおサイフケータイとは異なる機能も含まれていますので、その点もあわせて見ていくことにしましょう。

日本のおサイフケータイは、携帯電話やスマートフォンに内蔵されているICチップを利用したサービスです。主な用途は各種の電子マネーの利用、スイカ機能や飛行機の搭乗券として、またお店のポイントサービスや会員証として利用できます。ただしおサイフケータイは他の人と電子マネーやポイントのやり取りはできません。おサイフケータイはあくまで個人が利用するクレジットカードや電子マネーの延長線にあるものといえます。

一方のモバイルペイメントの草分けといえばペイパルでしょう。1998年に創業したペイパルは、オンラインショッピングに決済機能を提供することで成長してきた企業です。2016年現在、ペイパルは200を超える国と地域でサービスを展開しており、年間の決済取扱高は2820億ドル（約30兆円）に達しています。

ペイパルの事業領域は大きく分けて、オンラインショッピングで行われるオンラインでのサービスと、実際の店舗で利用されるオフラインのサービスで構成されています。オフラインのサービスの特徴は、通常のクレジットカードとは異なり、店舗に特別な端末を置かず、ユーザーのスマートフォンアプリを利用して決済を行う点です。これはペイパルのアカウントを持っていれば、そのアカウントに送金できるという仕組みを利用して実現しています。そして「相手がペイパルのアカウントを持っていれば送金できる」という仕組みは、個人間のお金のやり取りにも利用できることになります。ペイパルでは相手のメールアドレスを通じて送金が可能です（ただし送金を受け取るにはペイパルによる本人確認手続きが必要です）。

ペイパルがオンラインショッピングから発展してきたモバイルペイメントとすれば、スマートフォンから発展してきたモバイルペイメントが「スクエア（Square）」でしょう。スクエアは、スマートフォンに小型のクレジットカードリーダー（「ドングル」と呼ばれます）を挿し込むことでクレジットカード決済が行える環境を提供します。スクェアのサービスの特徴は、既存のクレジットカード決済とくらべて初期費用が非常に少なくて済む点です。

お店がクレジットカード決済を導入するには実はかなりの手間と費用がかかります。まずはクレジットカード会社による審査があります。そしてカードの読み取り端末の導入に数万円から数十万円が必要です。大手の事業者であればその程度の負担も大きくはないでしょうが、小規模な店舗やレストランにとってはかなりの負担です。また、クレジットカードで行われた売上はすぐにお店に入りません。通常、1カ月から長ければ2カ月程度のタイムラグが生じます。これも小規模の店舗には負担となります。

スクェアはまったく違うアプローチを取ります。まず事前審査は非常に簡単なものです。必要事項を記入して申し込めばすぐに加盟店登録が行われます。スクェアではその後の実際の利用実績を日々監視しています。もし不正と疑われる取引があった場合、即時にサービスは停止されます。またスクェアでは最短で支払いの翌営業日に入金が行われます。小規模な事業者にとって、非常に魅力的なサービスです。

同様のサービスは日本でもすでに行われています。楽天は「楽天スマートペイ」という名称で2012年にスマートフォンと小型クレジットカードリーダーでクレジットカード決済を利用できる中小小売・サービス業店舗向けのサービス提供を開始しています。入金先口座をグループ企業の楽天銀行の口座に指定した場合は、決済の翌日に振込手数料なしで自動入金される点も楽天グループらしいといえます。また日本のフィンテックスタートアップの「コイニー（Coiney）」も同様のサービスを提供しています。

個人間のやり取りにも利用される

日本では、個人間でのお金のやり取りは基本的に現金が主流ですが、海外の若者を中心に、スマートフォンで友人同士のお金のやり取りも済ませてしまうサービスが登場しています。そうしたサービスで現在最も注目を集めているのがヴェンモ（Venmo）です。

ヴェンモはSNSと送金サービスを合わせたようなサービスです。ヴェンモを利用するには、まずヴェンモに自分が持っている銀行口座、デビットカード、もしくはクレジットカードを登録する必要があります。そしてフェイスブックやツイッターなどの知り合いリストを読み込むことで送金先のリストができあがります（実際に送金を行うためには、相手も何らかの口座やカード情報を登録しておく必要があります）。あとはその送金先の相手のアカウントに金額を指定したメッセージを送れば送金完了です。クレジットカードを利用した場合は手数料が必要ですが、銀行口座やデビットカードを利用した場合は手数料無料で送金可能です。ヴェンモの年間の決済取扱高は2015年で75億ドル（約8000億円）に達しています。2015年の第1四半期の取扱高が12・6億ドルだったのに対し、1年後の2016年第1四半期の取扱高は32億ドルと、実に2・5倍以上の伸びとなっています。

ヴェンモのサービスが急速に普及した背景には、このサービスがSNSの機能も持っているという点です。ヴェンモの主要ユーザーは学生や若者です。彼らの支払いの多くはパーティの参加費やイベントの会費などのイベントに関するお金のやり取りです。この情報が友人間でやり取りされるのをヴェンモの参加者はSNS上でお互いに見ることができます。まだ会費を払ってない友人を見つけるのにも役に立ちますし、参加していなかった人も「こんなに知り合いが参加していたんなら、次は自分も誘ってほしい」と思わせる効果もあります。またデビットカードさえ持っていれば無料で利用できますので、友人からヴェンモへの参加を勧められた際に参加のハードルが高くない点も急速に利用者を増やしている理由の1つです。アメリカでは「Just Venmo me !（それヴェンモで送っといて！）」というフレーズが使われているそうです。

日本でもSNS上の送金・決済のサービスが登場しています。日本で圧倒的な人気を誇るメッセンジャーサービスといえばLINEでしょう。このLINE上で友達同士で送金を可能にするサービスが「LINE Pay」です。LINE Payを利用するには大きく2つの方法があります。1つはクレジットカードを登録する方法です。クレジットカードを登録した場合は利用した額に応じて後日クレジットカード会社から代金が請求されます。もう1つはチャージを利用する方法です。銀行口座やコンビニを通じてLINE Payの口座にお金をチャージすることができます。コンビニでチャージ可能というのはコンビニ先進国の日本らしい機能といえます。また送金を行う場合は自分と送金先の双方にLINEによる本人確認が必要な点はペイパルなどと同様です。

このような個人間の送金サービスに、既存のフィンテック企業や大手事業者も参入する機運が高まっています。スクエアは「スクエアキャッシュ（Square cash）」という名称で同様のサービスに参入しています。これは一般的な電子メールを使って手持ちのデビットカードから個人間で送金できる無料のサービスです。スクエアキャッシュの一番の特徴は、アプリも、新たなアカウントの登録も必要ないということです。さらに送金先の銀行口座やデビットカード番号も不要です。必要なのはスクェアに自分のデビットカード番号を知らせるだけというシンプルさです。

スクェアキャッシュを利用する方法は簡単で、送金相手にメールを送る際にメールのCC欄に「cash@square.com」を追加し、件名に送金する「金額」を入力するだけです。友人には自分が送ったメールのほかに、「cash@square.com」からのメールが届きます。メールを受け取ったほうはこのアドレスに自分のデビットカード番号を入力すればそのデビットカードに送金されます。

このようなメッセンジャーを通じた個人間送金に大手も乗り出す動きがあるようです。アップルペイやアンドロイドペイなどのモバイルペイメント事業者、さらにSNS最大手のフェイスブックなども個人間送金の可能性を探っているとの報道が相次いでいます。

5　集約される口座情報――アグリゲーション、PFM

情報を「見える化」するアグリゲーションサービス

「情報」のデジタル化の第一歩というべきサービスが「アグリゲーション」サービスです。

「アグリゲーション」とは「集約する」という意味です。このサービスは、さまざまな金融機関の口座情報を1つの場所に集約して表示してくれるサービスです。口座情報を集約することから「口座」を意味する「アカウント」を付けて「アカウントアグリゲーション」ともいいます。現在では金融機関が自分たちの顧客に対するサービスとして提供していることがほとんどです。集約する金融機関の種類も多岐にわたります。銀行はもちろんのこと、証券会社やFX口座、クレジットカード会社、携帯電話料金からマイレージなどの各種ポイントサービスなどが含まれています。

私が初めてこのアグリゲーションサービスを目にしたときはなんて画期的なサービスだろうと思ったものです。実際に2010年ごろにアグリゲーションサービスの利用を開始しました。その際に持っていた金融機関の口座のネットサービスに片っ端から申し込みを行い、すべての情報を集約してみました（ちなみにすべての申し込みを終わらせるまでに3カ月くらいかかりました）。そしてアグリゲーションサービスを利用し始めてから、自分の行動に明らかな変化が生まれました。まず、それまでは何となくしか把握していなかった月々の支出が正確にわかるようになりました。すると明らかに無駄遣いが減ったのです。さらに年会費だけ払い続けていたクレジットカードなど、あまり使っていなかったサービスも解約することができました。そして最大の変化は、資産運用に対する関心が強くなったことです。情報を集約して見えるようにするだけでこれほど自分の行動が変化するのかとびっくりした経験があります。すべての口座でネットサービスを申し込まなければいけないため、若干ハードルは高いでしょうが、一度試してみる価値のあるサービスの1つです。

PFMの代表的サービス

このアグリゲーションサービスがもう少し進化したサービスがPFM（パーソナル・ファイナンシャル・マネジメント：個人資産管理サービス）です。PFMサービスには大前提のサービスとしてアグリゲーション機能が備わっています。PFMにはさらに「家計簿機能」「支出分析機能」「資産運用アドバイス機能」「税金計算機能」などの機能が提供されています。

PFMの草分け的存在として有名なのがアメリカのミントです。ミントは2007年に当時25歳のアーロン・パッツァーによって設立されたPFMベンチャーです。2010年9月に、家計管理ソフトのクイッケン（Quiken）を提供しているインテュイットによって1・7億ドルで買収されました。ミントはアグリゲーションを中心として、利用者に対してさまざまなアドバイスを行うPFMサービスを提供しています。

ミントは月々の収入と支出を集計して表示してくれますが、その際に他の月よりも支出が多かった項目を目立つように表示します。また、病気や怪我や失業などに備える最低限の貯蓄額（これは月収3カ月分を目安にしているようです）を貯めるようなアドバイスが表示されます。さらに資産運用をしている人には、その人のパフォーマンスを他の平均的な指標（例えば日経平均株価といったマーケット平均のような指標です）との比較が表示されます。

ミントの哲学は明確で「もっと節約して貯金をしましょう。そのお手伝いをミントがやります」というものです。ミントのページにアクセスすると、さまざまな節約のアドバイスを見ることができます。「小銭貯金のやり方」「無料クレジットカードの落とし穴」「医療保険の見直し術」といった具合です。

ミントは節約のアドバイスもしてくれますが、それと同時に「もっと自分にあった金融サービス」のアドバイスも行います。例えばもっと手数料の安い証券口座の紹介や、ポイントサービスが有利なクレジットカードの紹介などです。そしてミントの収益源はミント経由で新たな金融機関の口座を開いたときや、新たなクレジットカードの申し込みがあった際のアフィリエイト収入といわれています。ミントは顧客の金融行動を具体的に変えることで収益をあげるビジネスを行っているのです。

日本でもＰＦＭサービスは最も注目を集めているフィンテック領域の1つです。主な事業者としてマネーフォワード、ザイム、マネーツリーなどがあります。日本のサービスの特徴は「家計簿管理」機能が充実している点です。各社ともスマートフォンで日々の支出を記録できるアプリを提供しており、その機能も日々進化しています。スマートフォンのカメラでレシートを撮影すれば、その中身を自動的に読み取って、適切な支出項目に振り分けてくれる機能などがあります。

特徴的な機能として、ザイムが提供している「住んでいる地域で利用できる公共の助成金・補助金アドバイス」があります。「わたしの給付金」という名前のサービスで、利用者の年齢・性別や年収、勤務形態、家族構成の情報をもとに、受け取れる可能性がある国や自治体からの助成金や手当、給付金を一覧で表示してくれます（ただ、このサービスを受けるには有料会員に登録しておく必要があります）。

またＰＦＭのもう1つの重要な機能が「税金計算機能」です。日本ではあまりピンと来ないサービスかもしれませんが、国民のほぼ全員が毎年税金の申告を行うアメリカでは非常に重要なサービスです。実はミントを買収したインテュイットも税金計算のソフトウェアを販売する企業です。

税金の計算はやったことがある人はわかるでしょうが、実にさまざまな情報を集めて入力しなければいけません。また支出項目によっても、これは税額控除対象、これは所得控除といった判断をする必要があります。そして制度は毎年ころころと変わります。これを人手でやっていたのでは大変だということで、アメリカでは以前から税金を計算するサービスが人気でした。ＰＦＭはこの税金計算にも威力を発揮します。アメリカの主要なＰＦＭサービスのほとんどが、この税金計算機能を備えています。中には非課税の投資制度に対応した投資アドバイスを行うＰＦＭサービスもあります。

残念ながら日本では個人の確定申告をサポートする機能を提供しているＰＦＭサービスはまだ登場していませんが、個人事業主や中小企業向けの確定申告（青色申告、白色申告）に対応しているサービスはすでに提供されています。マネーフォワードが提供している「ＭＦクラウド会計」やクラウド会計サービスを提供しているフリー（freee）などが確定申告書作成サービスを行っています。

ふるさと納税が人気を集めている昨今、日本でも個人の確定申告をサポートしてくれるサービスのニーズは高まっていると考えられます。日本でも確定申告をサポートするPFMサービスが近い将来登場するかもしれません。

顧客の行動を変えるPFM

PFMサービスは、利用者のすべての金融行動を可視化してくれるサービスです。これは実は既存の金融機関にとっては大変な脅威となりうるサービスです。ミントの例などでもわかるように、PFMサービスは顧客のあらゆる支出や収入を把握できます。そして、その顧客に対してアドバイスを行うことも可能です。

それに対して金融機関は自分のところの口座に入っている情報しか把握できません。また口座に記録される情報も「カード引き落とし」という項目では、その人がどのような支出にクレジットカードを利用したのかを把握するすべはありません。またある利用者は、自分の銀行以外からローンを借りているかもしれませんが、それも把握することも事実上不可能です。しかしPFMでは、これらの情報をすべて手元で把握できるのです。

そしてこの情報にもとづき、PFM企業は顧客に行動の変化を促すことができます。そうすると金融機関は単なる機能の提供者にすぎなくなってしまうでしょう。金融機関は顧客から「選ばれる側」という弱い立場にならざるを得ません。

現在マネーフォワードなどのＰＦＭサービスと銀行をはじめとした金融機関の連携が活発に行われています。金融機関側にも顧客との接点を奪われかねないという危機感が強まっているのかもしれません。

もう一方で、ＰＦＭを別の側面で活かす動きもあります。２００９年に設立された米国のハローウォレット（HelloWallet）は、企業の従業員向けのＰＦＭサービスを「福利厚生」として販売しています。同社は２０１４年に米国の格付け会社の１つであるモーニングスター社に買収されました。

ハローウォレットのコンセプトは、従業員のお金に関する問題を解決するアドバイスを提供することです。借金大国といわれるアメリカでは、多くの従業員がカードローンや学資ローンを抱えており、同社は従業員の実に9割程度が何らかのお金に関するストレスを抱えているという調査結果を発表しています。また、アメリカでは企業が提供する年金制度がありますが、この制度をうまく活用できている従業員は半数に満たないとの調査結果もあります。

実際、日本でも確定拠出年金制度（「日本版401k」と呼ばれることもあります）を導入している企業は数多くありますが、その制度の対象となっている従業員の資産運用の実体を見てみると、多くの人が最初に設定されている「定期預金」にしか資金を配分していないという結果が出ています。このような人たちの金融への関心を高めるという意味でのPFMの活用が日本でも進むことが期待されます。

第Ⅳ章　金融ビジネス・実務への影響

1　金融の本質的な機能を実現するフィンテックサービス

「金融」という機能を考える

この章では既存の金融機関の存在を脅かす可能性のあるフィンテックサービスを取り上げます。Ⅲ章で取り上げたフィンテックサービスは確かに目新しいものであり、既存の金融機関のサービスとは一線を画すものといえます。しかしながら、これらは既存の金融機能の延長線上にあるサービスともいえます。本人確認に代表される認証技術はすでにあらゆる金融サービスの必須機能ですし、トークナイゼーションもいままでのクレジットカード決済をより安全にする取り組みです。ＰＦＭも基本となるアグリゲーションサービスを提供している金融機関は数多く存在します。これらのフィンテックサービスは、いってみれば「既存のサービスをより高度化するもの」です。しかし、この章で取り上げるサービスはすこし意味合いが異なります。

ちょっと昔の本ですが『金融の本質』（野村総合研究所、２０００年）では金融機関が提供する機能を次の６つと定義しています。

①資金決済
②資金のプール化および投資の小口化
③資源の時間・場所を越えた移転
④リスクコントロール（不確実性への対処）
⑤市場と市場での価格を通じた情報提供
⑥情報の非対称性に伴うインセンティブ問題

いままではこれらの機能を提供できるのは金融機関だけとされてきました。しかしフィンテックがもたらしたイノベーションは、これらの金融の本質的な機能を金融機関以外のプレーヤーが提供することを可能にしています。

6つの機能が代替可能に

例えば「①資金決済」において、すでに見てきたようにペイパルは、銀行口座を必ずしも必要とせずに店や友人に送金できる仕組みを提供しています。アフリカでは、携帯電話会社が携帯電話のSMSサービスを利用した決済ネットワークである「エムペサ（M－PESA）」が広く利用されています。

また昔から金融システムは、大規模な事業を行うために必要な資金を集める（プールする）機能を持っていました。銀行でいえばたくさんの「預金」を集めて、その預金を原資として「融資」を行っています。またもう一方では、そういった大規模な投資を分散するために、株式や債券、証券化といった手段で大きな投資を小さな金融商品という形で小口化する機能も持っています。この「②資金のプール化および投資の小口化」という機能も、クラウドファンディングやソーシャルレンディングといったサービスが実現しています。

そして金融システムの重要な機能は、現在の資金を将来のために使うことを可能にすることです。銀行は将来に備えて蓄えた「貯蓄」を、融資を通じて現在の「投資」へと変換させる機能を果たしています。さらにお金は国境を越えて簡単に移動できます。このような「③資源の時間・場所を越えた移転」もフィンテックが進出している領域です。レンディングクラブのような融資サービスは「時間を越える」機能を提供していますし、トランスファーワイズは、海外への送金を非常に安い手数料で行ってくれるサービスです。

さて将来のことを正確に見通すことは不可能です。将来の「不確実性」を、さまざまな金融商品や契約を通じて「リスク」としてコントロールすることも金融システムの重要な機能の1つです。保険はその代表的なものといえます。また貸出の際に担保を設定するのも、将来の不確実性への備えです。しかし最も重要な「④リスクコントロール（不確実性への対処）」は現在と将来に関するより正確な情報を得ることです。生命保険でいえば、その人の健康状態や生活習慣、また家族にガンなどの危険な病歴がないかといった情報が重要になります。企業にお金を貸す場合はその会社の売上の動向や製品の品質、経営者の能力などの正しい情報を得ることの重要性はいうまでもないでしょう。

いままではこのような情報は金融機関しか手にすることができませんでした。しかし現在では、さまざまな企業が顧客の行動に関する膨大な量の情報を入手できるようになっています。そしてそこで得た情報を活用するフィンテック企業が登場しています。楽天は自社の楽天市場に出店している店舗に対して楽天市場での売上データに基づいた資金の貸出サービスを行っています。楽天市場を通して手に入る情報は、まさにそのお店のリアルタイムの情報です。さらに過去と比較してどれだけ成長しているのかも手に取るようにわかります。同様のサービスはアマゾンやイーベイ（eBay）などでも提供されています。またエイファーム（Affirm）は、個人のＳＮＳの情報や独自の個人情報を人工知能で分析することで、クレジットカードを持っていない層向けにオンラインショッピングの分割払いサービスを提供しています。より正確な情報を活用することでリスクをコントロールすることがフィンテックによって可能になっているのです。

この章では、このような金融の本質的な機能をイノベーションによって実現したフィンテックサービスを取り上げます。当然のことながら、これらのフィンテックサービスは既存の金融機関にとって脅威となります。そしてこれらのフィンテックサービスが金融ビジネスや実務に与える影響についても考えてみたいと思います。

2　P2Pという「破壊的イノベーション」

「破壊的イノベーション」としてのP2P

もともと金融機関は資金をプールして小口化するという機能を持っていたことは前に述べました。金融機関にこのような機能が要求された理由は、以前は「情報」を取り扱うことのコストが非常に高かったことが挙げられます。お金を貸したい人と借りたい人を引き合わせる（「マッチング」と呼びます）ことは実は大変なことでした。借りたい人と貸したい人とをうまく組み合わせることはある意味で「物々交換」と同じようなやり方が必要です。貸したい人がいくらの金額をどれくらいの期間、そしてどれくらいの金利で貸したいかは千差万別です。そして借りたい人も同じことがいえます。また借りたい人のリスクがどの程度なのかを判断することも素人には無理でしょう。このような「情報」をうまく集約し分析する専門的な機能が必要とされたのは当然のことでした。そしてこの機能は銀行を代表とする金融機関が果たしていました。

しかしインターネットが普及してからは状況が変わります。インターネットを使えばこれらの「情報」を効率的に集約することができるようになったのです。まずは借りたい人が自分の要望をネットにあげ、そしてその要望に応えようとする貸したい人はその人にお金を貸すことができるようになったのです。借りたい人の信用度は別途評価されることになります。信頼できる第三者（これは人工知能かもしれません）が借りたい人のリスクを判定し、そのリスクに応じた金利を設定することでこれらのやり取りはスムーズに行われることになります。これがＰ２Ｐの仕組みです。

これまで銀行は「預金」を集めることと、預金で集めた資金を貸し出す「融資」に１対１の関係を作りませんでした。銀行は集めた預金を自らの判断で貸し出します。銀行は貸したお金が無事戻ってくるように厳しく借り手のリスクを見極めようとしますが、それでも将来のことは完全にわかるわけではありません。そのためたとえ借り手の一部が倒産などの憂き目にあったとしても、お金を預けてくれた預金者に確実にお金を戻せるような仕組みを用意しておく必要があります。具体的には「担保の設定」や「貸倒引当金」を用意して万が一に備えるといった仕組みが必要になります。そしてこれらの仕組みは法律で厳しく規定されており、銀行はこのような仕組みに従って「融資」を行ってきました。お金の貸し借りに関する「情報」を集約・分析するコストが高かったため、このような仕組みが発明されたのです。

しかしP2Pのやり方はまったく異なります。P2Pが提供しているのはあくまで「マッチング」の機能だけです。これは既存の金融機関の仕組みとは根本的に異なります。まずP2Pレンディング企業が提供しているのは「マッチング」機能のみで、預金を集めているわけでもなく、借り手から担保を取るわけでもありません。当然、貸倒引当金などとも無縁です。そして、マッチング機能に特化したP2Pレンディングのコストは既存の金融機関と比べて非常に低くなります。

コストが低くなると何が起きるでしょうか。お金を貸したい人から見れば、低い金利の

「預金」に預けるよりはもう少し高い金利が期待できます。借りたい人から見れば、金融機関から借りるよりも低い金利でお金を手に入れることができます。これがP2Pによるマッチングがもたらした「破壊的イノベーション」です。

クラウドファンディングの5つの類型

クラウドファンディングはインターネットを介して個人から少額の資金を調達する仕組みです。クラウドファンディングはその性格によって大きく5つに分類されます（以下の分類はマスソリューション〈masssolution〉という組織がまとめたレポートに従っています）。以下それぞれについて簡単に説明します。

①寄付型：NPOなどの行う事業や社会貢献活動などへの寄付を集める形態です。出資側に金銭的なリターンがないので「寄付」と分類されます。

②成果還元型：「寄付型」と同様金銭的なリターンはありませんが、出資した事業やプロジェクトの成果（製品やサービスなど）を出資者が受け取れる形態です。例えば、アーティストが自分の制作活動の資金を募集し、その資金で制作した作品を出資者に

提供したりするようなケースが考えられます。「購買型」「事前購入型」とも呼ばれることがあります。

③エクイティ型：ベンチャー企業が投資家に株式もしくはそれに類するものを発行して投資を募る形態です。「投資型」と呼ばれることもあります。日本では、この投資を「ファンド形態」で行うものと、「株式形態」で行うものの2種類が存在します。このエクイティ型は金銭的なリターンを目指す形態です。ベンチャーキャピタルと同様の仕組みと考えるとわかりやすいでしょう。ただし、この形態の投資は非常にリスクが高く、出資者への適切なリスク開示が求められるため、各国でかなり厳しいルールが定められています。

④ロイヤリティ型：出資者に対して、その事業が将来生み出すであろう収益の支払いを保証する形態です。出資資金によってコンテンツを創作し、その権利料や使用料収入などを支払います。映画の制作などがわかりやすい例でしょう。こちらも金銭的なリターンを目指すものです。

⑤貸付型：事業者に対して融資を行う形態です。投資と異なり事業者は資金を債務として受け取り、将来的に利息をつけて元本とあわせて返済する必要があります。「P2P

レンディング」や「ソーシャルレンディング」とも呼ばれます。これについては次節で取り上げます。

このクラウドファンディングの類型の「⑤貸付型」をのぞいては、融資と異なり返済義務を負いません。そのため出資を募る側は自分たちの事業やプロジェクトの目的や理念、そして実際の事業計画などを出資者にきちんと伝えることが必要です。また資金を提供する側は、出資先のリスクをきちんと判断できる能力が求められます。インターネットを介して出資を募るクラウドファンディングは、プロジェクト実行者と出資者の間の「共感」が重要なキーワードになります。

一般的なクラウドファンディングは、次のような流れで資金の調達を行います。まず起案者は新しい製品開発やイベントのアイデアを考え、クラウドファンディングのプラットフォームを提供している企業に応募します。プラットフォーム企業はそのプロジェクトの審査を行った上で、クラウドファンディングのサイトにプロジェクトを掲載します。その際、プロジェクトの目的、目標とする資金額、期間、出資者が得られる成果についてなどが掲載されています。

このプロジェクトに共感した出資者は資金を提供する意思表示をします。もし設定した募集期間内に目標金額を調達できれば、プロジェクトは成立となり、出資者はクレジットカードなどを使って出資額をプラットフォームに支払います。そして起案者には集まった資金からプラットフォーム側の手数料をのぞいた資金が渡されることになります。この手数料は通常募集金額の10－20％程度で、プロジェクト成立時の成功報酬となります。

クラウドファンディングの特徴は、プロジェクトや事業者に対する共感や価値観の共有によって一種のコミュニティができるという点です。クラウドファンディングでは、事業者は資金調達を通じた自らのプロジェクトのプロモーション、出資者という「ファン」の獲得といったプロジェクトのマーケティングを行っているともいえます。

プラットフォームを提供する企業

いくつか代表的なクラウドファンディングのプラットフォームを提供している企業を見てみましょう。日本の寄付型クラウドファンディングでは、ジャパンギビング（JapanGiving）が有名です。ｉＰｓ細胞研究の世界的第一人者である京都大学の山中伸弥教授が研究資金の寄付を募ったプロジェクトなどを手がけています。また現在では熊本県の震災支援を行うＮＰＯへの寄付プログラムが多数掲載されています。

また成果還元型の世界的なプラットフォームとしてキックスターター（KickStarter）があります。キックスターターでは２０１６年６月時点で約10万件以上のプロジェクトが成立し、集めた資金額は約24億ドルを超えています。まさに世界最大級のクラウドファンディングプラットフォームです。キックスターターではさまざまなプロジェクトがありますが、最近は日本のマンガやアニメ、ゲームのプロジェクトなども注目を集めています。日本の成果還元型ではレディーフォー（ReadyFor）が有名です。２０１１年３月のオープンから４０００件以上のプロジェクトの資金調達を行い、17万人から25・８億円以上の支援金を集めています。

このようなクラウドファンディングで集まった資金を「志金」という呼び方をする人もいます。プロジェクトの理念へ共感し、必ずしも金銭的な見返りを求めないという意味ではいい呼び方だと思います。

クラウドファンディングの日本国内の調達金額は、矢野経済研究所がまとめたレポートによれば、２０１２年の69億円から２０１５年には２８４億円と約４倍の増加となっています。また世界全体では先のマスソリューションのレポートでは同じ期間の成長は27億ドルから344億ドルと約13倍の増加となっています。クラウドファンディングの成長は今後も続くことが予想されます。

拡大するソーシャルレンディング

2007年にサービスを開始したレンディングクラブ（LendingClub）はP2Pレンディングの最大手の1つです。レンディングクラブは個人や中小企業相手のローンを提供するソーシャルレンディングサービスの代表的存在です。2016年3月末の時点で融資合計額は約187億ドル（約2兆円）に達しています。

レンディングクラブの行っているマッチングの仕組みを見てみましょう。まずお金を借りたい人はレンディングクラブにオンラインで申し込みを行います。申し込みを行うとレンディングクラブはその情報から申込者の「クレジットスコア」を確認します。このクレジットスコアとは、アメリカの信用情報データを提供しているFICO（「ファイコ」と読みます）が算出しているデータで、その人の過去のクレジットカードの利用状況やローンの返済状況などをもとに算出したその人の「借金返済能力の偏差値」に当たるデータです。FICOから提供されるクレジットスコアを「FICOスコア」と呼び、アメリカの金融機関の多くがこのＦＩＣＯスコアを与信審査に利用しています。

このＦＩＣＯスコアの点数に応じて、レンディングクラブは申込者のリスクをＡからＧまでの７段階に分類し、そのランクに応じた金利を提示します（レンディングクラブはＦＩＣＯスコア以外のデータもランキングに利用しているといっていますが、詳細は公開されていません）。ＦＩＣＯスコアが高い、言い換えればリスクが低い申込者にはそれに応じた低い金利が提示されます。一方、ＦＩＣＯスコアが基準を満たさない人はこの申込の段階で落とされてしまいます。

お金を貸す方は、それぞれの借り手に対してお金を貸すかどうかを決めます。その際、ＡからＧのランクが目安になります。貸し手は返済を受ける際に手数料として１％をレンディングクラブに支払います。これがレンディングクラブの収益となります。例えばランクＡの８％の利率の借り手に資金を提供した場合、貸し手はレンディングクラブに支払う１％の手数料などを差し引いたおよそ６％強の利率が手に入ることになります。これは銀行預金などと比較しても非常に魅力的な金融商品です。そのため、レンディングクラブに資金を提供しているのは個人にとどまりません。銀行などの金融機関や機関投資家もレンディングクラブの貸し手となっています。

P2Pレンディングが利益を生む仕組み

レンディングクラブは、借り手には金融機関の提示する金利よりもかなり低く抑えられた金利を、もう一方の貸し手には一般の預金などよりも高い金利を提示しています。このようなビジネスモデルが可能となった理由は3つほど考えられます。

まずは「マッチング」に特化していることにより、銀行とは異なり預金保険や貸倒引当金などのコストを負担しなくていいことが挙げられます。2つ目に、レンディングクラブはオンラインですべてのサービスが完結していますので、金融機関のようにコストのかかる店舗やATMを持つ必要がありません。そして最後の理由がレンディングクラブには「優良な借り手」が集まるという点です。レンディングクラブは申し込みの段階でかなりハードルの高い基準を借り手に課しています。そのためリスクの高い借り手、言い換えればFICOスコアの低い借り手を排除することができるのです。逆にレンディングクラブに認められれば、借り手は低い金利のメリットを享受できるようになります。そしてこの仕組みはレンディングクラブにさらなるメリットをもたらすのです。

レンディングクラブの提示する金利はランクAで年率5％から8％程度です。これは一般的な銀行の個人向けローンの金利に比べると3割から4割ほど低い金利です（ランクA

に相当する銀行のローン金利は年率8％から14％程度)。実際、レンディングクラブを利用した借り手の「レンディングクラブを利用した理由」のトップは「他のローンを返済するため」という調査結果もあります。このランクAに分類される借り手のＦＩＣＯスコアは非常に高く、返済が滞るリスクも低い「借金偏差値」の高い層です。このような借り手がレンディングクラブを利用しているのです。

そしてこのような「借金偏差値」の高いレンディングクラブの利用者は非常に高い確率で再びレンディングクラブで借り入れを行うことが知られています。いわゆるリピート率が非常に高いサービスなのです。しかもこのリピート率は年々上昇しているようです。リピート率が高いと広告などのマーケティング費用が抑えられるので収益にとってもプラスです。

このようなソーシャルレンディングには、他にもユニークなサービスが提供されています。アメリカのフィンテックベンチャーのソフィ（SoFi）は学生ローンの借り換えに特化したソーシャルレンディング企業です。アメリカの大学は学費が高いことで有名です。そのため、多くの学生は学資ローンを組んで大学に通うことになります。そして就職した後でこの学資ローンを返済することになるわけですが、この学資ローンの金利は一般のローンと比べても若干高めに設定されています。この学資ローンをもっと安い金利で借り換えるサービスを提供しているのがソフィです。ソフィは出身大学のランクや大学での成績、そして現在勤務している企業の情報などをもとに金利や返済期間を設定します。

そして面白いのがソフィは借り手と同じ大学の同窓生を中心として資金の募集を行っている点です。たしかに自分の出身校の後輩であれば、いくばくかの情も湧こうというものでしょう。マッチングの仕組みとして非常にユニークなやり方です。

また同社は最近では若者向けの生命保険などの販売にも乗り出しており、若者の金融面での支援を行う企業として人気を集めています。ソフィは2016年6月時点で100億ドルの貸出を行っており、利用者は15万人に達する規模です。日本でも奨学金の返済負担が社会問題になっています。このようなサービスが日本でも登場するかもしれません。

日本にソーシャルレンディングが存在しない理由

さて、一方で日本には厳密な意味でのP2Pレンディングは存在しません。日本には貸金業法という法律があり、貸金業に関して非常に厳しい規制が課せられています（銀行などの行う融資はこの範囲には含まれません。こちらは「銀行法」などで規定されています）。

この貸金業法は、返済しきれないほどの借金を抱えてしまう「多重債務者」が社会問題となっていた時期に制定された法律です。この法律により貸金業を行うには「貸金業者」として国や自治体に登録する必要があります。そして、Ｐ２Ｐレンディングのようなサービスを日本でやろうとした場合、お金を貸す人は国や自治体に「貸金業者」として登録をすることを求められる可能性が高いようです。この貸金業者の条件は厳しく、個人として貸金業者の資格を得ることはあまり現実的ではありません。

そのため日本でのソーシャルレンディングは、対象が中小企業向けなどに限定されており、またサービスを提供している事業者は貸金業者として登録済か、または金融サービスの仲介が認められる資格である第二種金融商品取引業者の免許を取得したうえで事業を行っています。日本でレンディングクラブのようなＰ２Ｐレンディングが実現するには法改正などの措置が必要と思われます。

ただし、クラウドファンディングやソーシャルレンディングに対して懸念があることも指摘しておくべきでしょう。クラウドファンディングやソーシャルレンディングがマネーロンダリングや犯罪組織に利用されたと思われるケースがあるとの報告がすでになされています。また実際にはプロジェクトを実行するつもりがなく、ただお金だけを集めてそのまま消えてしまうといった詐欺に利用されたケースも実際に起きています。このようなサービスが悪用された場合への対策が今後議論されることが予想されます。

3　価格破壊をもたらすロボアドバイザー

ロボアドバイザーとは、オンラインで資産運用の助言を行うサービスです。ロボアドバイザーの「ロボ」とは「ロボット」を意味する言葉で、それまで人間が行っていた「フィナンシャルアドバイザー」をもじって作られた造語です。現在アメリカを中心に急速に拡大しているフィンテックサービス領域の1つです。

I章でも触れましたが、近年、株や投資信託などの金融資産を売買する際の手数料で稼ぐのではなく、老後を見据えた中長期的な資産運用のアドバイスを行い、そのアドバイスに対する報酬として預り資産の1－2％を手数料として受け取るというスタイルが定着しています。このアドバイスを行うのがフィナンシャルアドバイザーですが、これをロボットが代わりに行うというのがロボアドバイザーです。ここでの「ロボット」は別にペッパーのような物理的なロボットではなく、コンピュータのプログラムによる分析とアドバイスのことです。

アメリカではベターメント（Betterment）、ウェルスフロント（WealthFront）、ラーンベスト（LearnVest）、パーソナル・キャピタル（Personal Capital）、シグフィグ（SigFig）といったロボアドバイザー企業がサービスを行っています。またオンライン証券大手のチャールズ・シュワブ（Charles Schwab）や投資信託販売会社のヴァンガード（Vanguard）のような既存の金融機関もロボアドバイザーサービスを提供しています。

ロボアドバイザーの仕組み

一般的なロボアドバイザーサービスの流れを見てみましょう。まず顧客はロボアドバイザーサービスにアカウントを開設します。このアカウントに自分が資産を持っている金融機関のアカウント情報を登録します（複数の金融機関を登録できます）。ロボアドバイザーはこれらの口座にある金融商品（株式や投資信託や債券など）を集約して1つのポートフォリオ（金融資産の資産配分を表す言葉です）としてまとめます。そしてこのポートフォリオのリスクやパフォーマンスを分析し、より適切な資産配分のアドバイスを行います。

ポートフォリオの分析を行う際には、まず顧客に5－10問程度の質問をします。これらの質問は顧客がどの程度の期間の投資を行うつもりか、目標となるリターンはどの程度か、リスクをどの程度とってもいいと考えているのか、投資経験はどの程度か、といった内容が含まれており、これらの質問の結果から顧客の「リスク許容度」を判定します。そしてこのリスク許容度に応じた最適な資産配分を提示します。この資産配分のアドバイスに応じて顧客は自分のポートフォリオを見直すことができます。また、資産配分の見直しの際に勧められる商品には、手数料の低いＥＴＦ（上場投資信託）などが多く含まれています。それまで手数料の高い投資信託などに投資していた投資家にとっては、パフォーマンスの改善につながります。

またロボアドバイザーの重要な機能の１つが「リバランス（資産配分の見直し）」です。ロボアドバイザーの推奨するポートフォリオは、さまざまな投資先を組み合わせたものですが、それぞれの投資先のパフォーマンスは時間とともに変動します。その変動の状況を踏まえて当初想定していたリスクや期待リターンを外れそうになった場合、ロボアドバイザーはその変化を踏まえて改めてポートフォリオのアドバイスをしてくれます。

そしてもう１つ気のきいた機能として「税金を考慮した投資」も提案してくれる機能がありますｏ 日本でもＮＩＳＡ（少額投資非課税制度）や投資の売却損益の通算制度などの

投資の売却益に対する税金の軽減措置がありますが、ロボアドバイザーの中にはこれらの仕組みを最大限利用できるようにアドバイスをしてくれるものがあります。

実はこの一連のロボアドバイザーのサービスの内容は人間の行うフィナンシャルアドバイザーとほぼ同様です。しかしフィナンシャルアドバイザーのアドバイスを受けるには大きなハードルがあります。アメリカでは日本円で数千万円以上の金融資産を持つ富裕層しかこのような資産運用のアドバイスを受けられません。

ロボアドバイザーはこのハードルを大きく引き下げました。現在の主要なロボアドバイザーサービスは数百ドルの資産規模から利用することができます。中には下限を設けていないサービスもあります。そして手数料も非常に低く抑えられています。人間のフィナンシャルアドバイザーの手数料が預り資産の1－2％程度なのに対して、ロボアドバイザーの手数料は預り資産の0・25％－0・75％程度となっています（中には月額1ドル程度の定額の手数料で利用できるサービスもあります）。

ロボアドバイザーは、現在アメリカで急速に預り資産を拡大しています。アメリカのロボアドバイザー企業で老舗といえるウェルスフロントやベターメントは預り資産が30億ドル（3000億円）を超える規模にまで成長しています。

ロボアドバイザーのターゲット

ロボアドバイザーはパソコンやスマートフォンに特化したサービスです。これは再三出てくるミレニアル世代と非常に親和性の高いサービスといえます。既存の金融機関の営業姿勢に疑問を感じているミレニアル世代にとって、コンピュータにもとづく中立的なアドバイスは非常に合理的に映るでしょう。また手数料が低く抑えられており、少額の資産からでもサービスが利用できる点もこの世代にマッチしたサービスといえます。

人間による助言と組み合わせたハイブリッド型の登場

一方で、ロボアドバイザーの提供企業にも変化が起きています。当初はコンピュータのみの完全デジタルサービスだったロボアドバイザーですが、近年ではコンピュータによる分析に加えて、人間による助言を組み合わせたハイブリッドサービスが登場しています。ラーンベストはこのハイブリッドサービスを提供している代表的ロボアドバイザーの1つです。

さらに既存の金融機関も自社のサービスにロボアドバイザーを組み込むハイブリッド型を開始しています。投資運用会社であるヴァンガード・グループの提供しているハイブリッド型パーソナル・アドバイザー・サービスはすでに260億ドルを運用しており、現在提供されているロボアドバイザーサービスでは最大規模となっています。ヴァンガードではロボアドバイザーによるポートフォリオの作成をもとに、同社のファイナンシャルプランナーと電話やビデオ会議で相談することができます。またオンライン証券大手のチャールズ・シュワブは自社が抱える独立系アドバイザー（「RIA：Registered Investment Advisor」と呼ばれ、証券会社に所属せずに資産管理に関するアドバイスを行う独立した登録専門業者です）のためにロボアドバイザー機能を開発し、独立系アドバイザーの顧客との相談のツールとして提供しています。

日本でも相次いでロボアドバイザーのサービスが開始されています。独立系では「お金のデザイン」の「Theo（テオ）」や「ウェルスナビ（WealthNavi）」がサービスを開始しています。また金融機関では、みずほ銀行の「スマートフォリオ（SMART FOLIO）」を皮切りに、カブドットコム証券の「ファンドミー（FUND ME）」、マネックス証券の「アンサー（answer）」といったロボアドバイザーサービスの提供が開始されています。

これからの市場規模

アメリカのビジネスインテリジェンスが発表したロボアドバイザーの市場規模推計では、2015年のグローバルでのロボアドバイザーの資産運用額を1000億ドル（約11兆円）と推計しています。2015年のグローバルでの資産運用の総額は約80兆ドルですので、この時点でのシェアは微々たるものにすぎません。しかし、同レポートではロボアドバイザー市場は急速に拡大し、2020年には実に8兆ドル（880兆円）の規模にまで成長する可能性があると推計しています。プライスウォーターハウスクーパース（PwC）が推計した2020年の資産運用市場は約100兆ドルですので、8%程度のシェアに達することになります。

またアメリカの金融系リサーチ会社のアイテ・グループは、今後5年間における日本でのロボアドバイザー運用資産は2016年の約2億ドルから2020年には約95億ドル（約1兆円）に急拡大するとの推計を発表しています。

透明性が今後のカギに

このように順風満帆に見えるロボアドバイザーですが、いくつかの懸念点も指摘されています。最も大きな懸念点が、これらのロボアドバイザー企業の大半が2009年以降、つまりリーマン・ショック以降に設立されている点です。つまりロボアドバイザーの多くはマーケットが順調に値上がりを続けている環境しか経験していないのです。仮にリーマン・ショックのような市場の暴落が起きた場合に、本当に適切なアドバイスができるのかという点は未知数です。ちょうどこの項を書いている最中に、イギリスでEU離脱の是非を問う国民投票が行われ、離脱が賛成多数となる事態が起きました。このような大規模なショックをロボアドバイザーはうまく回避できるのか、その真価が問われることになります。

また、もう1つの懸念は、アドバイスの内容が適切なのかという点です。ロボアドバイザーのアドバイスは、ある意味中身が見えないブラックボックスです。ロボアドバイザーを提供している企業が自社に都合のいい商品を勧めている可能性は否定できません。この点、ウェルスフロントの資産運用アルゴリズムは一般に公開されており、誰でも検証できるようになっています。

投資のアドバイスには一定の規制が存在します。リスクを負うべきでない顧客に高いリスクの商品を勧めることは厳しく規制されています（「適合性原則」といいます）。現状ロボアドバイザーにはこの点に関して明確な規制が存在しません。今後粗悪なアドバイスを行うロボアドバイザーが登場する危険性が指摘されています。オーストラリアの金融コンサルティング会社ストックスポットは、規制当局に「ロボットアドバイザーにも人間のファイナンシャルアドバイザーと同じ規制を適用すべき」という意見書を提出しています。ロボアドバイザーのさらなる普及・拡大のキーワードは透明性かもしれません。

4　クラウドコンピューティングによる価格破壊

I章でも触れましたが、アマゾンウェブサービス（以下、「AWS」をいう略記を使います）に代表されるクラウドコンピューティングはスタートアップ企業のフィンテックサービスへの参入のハードルを大きく引き下げました。さらに、クラウドコンピューティングを活用したフィンテック企業は、提供するサービスの価格も大きく引き下げることに成功しています。実はここまで紹介してきたフィンテック企業の多くがクラウドコンピューティングを活用しています。ここでは、そのようなクラウドコンピューティングによって価格破壊を引き起こした代表的なフィンテック企業を紹介します。

世界の主要なマーケットのさまざまなデータ提供するベンチャー企業のエシグナイトは、ＡＷＳを活用する代表的なフィンテック企業の１つです。エシグナイトのサービスの特徴は、初期投資を必要とせず、利用した分だけ料金を払えばいい価格体系にあります。

同様のマーケットデータを提供している企業として有名なのがブルームバーグ(Bloomberg)ですが、こちらは専用端末を導入することが必要で、しかも利用料金が大変高いことが知られています。ブルームバーグは価格を公表していませんが、端末1台あたり年間で200万円以上の利用料金がかかるといわれています。一方、エシグナイトでは、クレジットカードを登録するだけでサービスが利用できます。アメリカのオンライン証券や多くのフィンテック企業が同社のサービスを利用しています。

エシグナイトはＡＷＳを利用することで、例えばサーバーの調達・設定・運用を行うエンジニアを必要としません。エンジニアの人件費は決して安いものではありません。同社のＣＴＯは「ハードウェア、インフラストラクチャ、ネットワーク帯域、人員など、全体的なコスト削減額は数十万ドルに上る」とも述べています。

もう1つ、アメリカのスマートフォンバンキング企業であるシンプル（Simple）もクラウドコンピューティングを活用している企業です。２００９年に創業した同社は、４年後の2013年1月には2万人の顧客を獲得し、その時点で2億件の取引を処理していました。半年後には顧客は4万人に倍増し、2013年の1年で顧客は3・3倍に増えました。このような事業の急拡大もクラウドを活用することで、はじめて可能となります。しかも、シンプルでは基本的なサービスはほとんどが無料で提供されています。

他にも多くのフィンテック企業が自社のサービスをクラウドコンピューティング上に構築しています。

5 店舗が消える——スマートフォンバンキング、トレーディング

スマートフォンで完結する銀行

先ほどのクラウドコンピューティングで取り上げたシンプルは、預けたお金の管理、運用などをスマートフォンの使いやすいアプリで提供しています。ただ、既存の銀行もスマートフォンのサービスを提供していますが、シンプルはより利用者のニーズに沿ったサービスを提供しています。

シンプルでは、それぞれのユーザーの収入や支出の状況を独自に集計して、その状況に

応じてさまざまなアドバイスを行ってくれます。例えば家賃や光熱費、保険の支払いといった月々の固定支出を自動的に集計し、その固定費と収入から「お小遣い」として使える金額を教えてくれます。また旅行や自動車の購入といったちょっと先の目標を設定しておくと、毎月どれくらい「節約」すれば数年後の貯蓄目標を達成できるか、そしてそのための節約の具体的なアドバイスもしてくれます。シンプルの創業当初のコンセプトは「ムカつかない銀行（A bank that doesn't suck）」というもので、それまでの銀行の杓子定規なサービスとは一線を画するものでした。

ムーブン（Moven）も若者に人気のスマートフォンバンキングです。ムーブンの創業者は日本でも翻訳が出版され話題となった「Bank 3.0（邦題：脱・店舗化するリテール金融戦略）」の著者であるブレット・キングです。ムーブンもシンプル同様に基本的なサービスは無料で利用できるスマートフォンバンキングです。ムーブンの特徴的なサービスの1つは「家計簿」サービスです。ムーブンが発行するデビットカードを使って支払われた出費は自動的に費目ごとに分類され、あといくら使っていいかがひと目でわかるようになっています。もし予算を超えて支出しようとするとスマートフォンに注意が飛んできます。

シンプルもムーブンも店舗を持っていませんし、銀行の事務処理を行うシステムも持っていません。実はシンプルの決済や預金事務などの銀行業にあたる機能はバンコープ（The Bancorp）という金融業者が処理していました（その後シンプルは２０１４年にスペインを本拠地とするＢＢＶＡ銀行に買収されたため、現在ではＢＢＶＡ傘下の地方銀行が処理を行っています）。ムーブンも同様に地方銀行に銀行業務を任せています。シンプルもムーブンも正式な銀行免許を持っていない「銀行」なのです。

両社とも自分たちのリソースのすべてを顧客のＵＸの改善にフォーカスし、まったく新しい銀行サービスを提供することに特化しています。そしてこの顧客と最も近い部分のみにリソースを集中させ、銀行業務は既存の金融機関にまかせるという事業構造は、まったく新たな事業展開を可能としています。ムーブンは自社のサービスをニュージーランドやカナダに拡大しています。その際、それぞれの国での銀行機能はその国の銀行をパートナーとすることで対応しています。つまり、ムーブンはある意味でパートナーの銀行さえ見つけることができれば世界中に自社のサービスを展開できる可能性を秘めています。インフラを持たないことを逆に自社の強みとして事業を行うフィンテック企業は、既存の金融機関にとって脅威となるでしょう。

投資もスマートフォンで

スマートフォンで完結する株式投資アプリとして有名なのがロビンフッド（Robinhood）です。ロビンフッドはスマートフォンのアプリで株式投資ができるサービスですが、最大の特徴は売買手数料が無料という点です。通常、証券会社を通じて株式やＥＴＦを売買した場合は手数料がかかります。アメリカの代表的なオンライン証券では1回の取引ごとに7－10ドル程度の手数料がかかります。

ロビンフッドは、手数料以外の収益源を活用することで手数料無料を実現しています。まずロビンフッドの口座に入金していても投資を行っていない現金を、同社が運用して得られる利息収入、そして信用取引の貸付金利と貸株料、そしてより頻繁に取引を行いたいトレーダー向けのプレミアム機能での利用料などが収益源となっています。

もう1つ、面白いスマートフォンの投資アプリにエイコーンズ（Acorns）があります。エイコーンズの提供しているサービスは「自動投資積立サービス」です。エイコーンズにアカウントを作ると、まずはグループ企業の投資助言会社と投資助言契約を結び、さらにグループ企業の証券会社に口座開設が行われます。その意味ではエイコーンズは店舗こそ持たないものの、立派な金融機関です。

さてエイコーンズのアカウントを開設したら、次にユーザーは自分のクレジットカードやデビットカードなどを登録します。この登録したクレジットカードやデビットカードで買い物をした際の「お釣り」をエイコーンズが自動的に積立投資してくれるのです。買い物をした際の金額が「8ドル40セント」だった場合、エイコーンズは1ドル未満の「お釣り」（この場合だと60セント）をユーザーの投資に回してくれるのです（この設定は自由に変更できます）。

そしてこの「お釣り」はユーザーの選んだポートフォリオに投資されます。ポートフォリオは手数料の安い数種類のＥＴＦを組み合わせたものから選べます。

エイコーンズはユーザーから運用手数料を受け取ります（厳密にはラップ口座〈一任運用〉にもとづく運用手数料です）。手数料は顧客の口座残高が５０００ドル未満は月額１ドル、５０００ドル以上では総資産に対して年額０・25％になります。エイコーンズのターゲットは年収5万ドルから9万９０００ドル（約５００万円から１０００万円）の若年層であり、現在非常に人気の高いサービスです。

6 「ライフログ」の活用——新たな与信モデル

ローン審査を代行

SNSやスマートフォンの普及で生活のいろいろな活動（ライフログ）を記録することが可能になりました。このライフログを活用することで新たな金融サービスを生み出しているフィンテック企業があります。

アメリカのエイファームは、オンラインショッピングの買い物に分割払いを提供してくれるサービスです。エイファームを使えばクレジットカードを持っていなくても分割払いで買い物ができるようになります。このエイファームは銀行に代わってローン審査を行ってリスクを査定し、ユーザーに銀行ローンを仲介しているのです。

最初にこのシステムを利用する際に、氏名、住所、生年月日、ソーシャルセキュリティナンバーを入力して口座を開設します。エイファームはこれらの入力情報をもとに、SNS上の友人関係、ウェブサイト閲覧履歴、オンライン購買履歴などの「ライフログ」を分析してユーザの信用度を評価します。この信用度分析にエイファームは人工知能を活用しています。

同社と提携しているオンラインショッピングで分割払いサービスが利用できます。この分割払いは3カ月から12カ月の期間の分割払いが用意されており、金利水準は年率10－30％で、信用度が高ければ金利は低くなる仕組みです。また利用手数料などはかかりません。

エイファームと提携しているオンラインショッピング企業はすでに１００社以上あり、導入すると顧客1人あたりの売上ならびにリピーター率が向上する効果があるとの結果がでています。実際エイファームのサービスを導入したら売上が20％伸びたという例も報告されています。またいくつかの小売業者ではこの金利を0％に設定することで、キャンペーン効果を狙うような利用をしているところもあります。このようにライフログを用いて個人の「与信」を行う企業はほかにも数多く存在します。

企業向けの融資にも活用

個人向けの融資にもライフログを活用する企業が登場しています。ドイツのクレディテック（Kreditech）は、ＳＮＳ上のさまざまなライフログを与信の材料にします。クレディテックではSNSでつながっている友人のクレジットスコアを参照して、クレジットスコアの高い友人が多い場合は信用度を高く評価する仕組みを取り入れています。

また企業の「ライフログ」を分析して企業に融資を行うフィンテック企業もあります。

アメリカのオンデック（OnDeck）は、企業の銀行取引の内訳や、クラウド会計での現金の流れのほかに、SNSに書き込まれたコメントなども分析の対象として、企業の信用度を評価しています。同社によれば利用しているデータは約2000種類にもなるそうです。このような銀行とはまったく異なるデータを用いて「与信」を行うことで、オンデックは銀行では貸出の対象にならないような企業にも融資を行うことを可能にしました。オンデックはすでに30億ドルの融資を行っています。

キャベッジ（Kabbage）はオンラインショッピングの事業者に特化した事業者向けの融資サービスを行っています。クラウド会計のデータやSNSでの評判なども加味した与信を行っているのが特徴です。具体的には顧客の銀行口座の取引履歴や、顧客が使用する会計クラウドサービスやクレジットカード決済サービスの「ペイパル」「スクェア」「ストライプ」、アマゾンやイーベイでの売上履歴、SNSのフェイスブックやツイッターなどのデータを集めて分析しているようです。ただ当然ながら、これらのライフログデータの利用には利用者の同意が必要なのはいうまでもありません。2015年は15万件以上の融資を実施し、融資総額はおよそ10億ドルに達します。

両社ともすべての手続きをオンラインで済ませることができます。また審査に人間が入ることはないため、審査時間も非常に短いものです（最短10分未満で審査結果が出ます）。

そしてこのような中小企業向けの与信サービスを、自社の与信に取り込む金融機関も登場しています。BBVAとJPモルガンはオンデックと提携し、自行の中小企業向けの与信アルゴリズムに利用するとの発表を行いました。ライフログを活用した新たな与信の仕組みが既存の金融機関の与信も変えていくかもしれません。

7 企業の資金繰りに変化

――トランザクションレンディング、ファクタリング、クラウド会計

「売る」プラットフォームから「貸す」プラットフォームへ

トランザクションレンディングとは、オンラインショッピングのプラットフォームを提供している企業が、自社のプラットフォームに出店している企業や個人に対して融資を行うサービスです。

オンラインショッピングの出店者は小規模の事業者が多く、担保となる店舗などの不動産も持っていません。このような事業者は銀行からの融資を受けづらい層です。また手元の資金（運転資金）が豊富ではない事業者が多く、事業を拡大しようとしてもそのための資金が不足しがちな層でもあります。このような事業者に素早く必要な資金を提供するサービスがトランザクションレンディングです。

通常の銀行で融資を受けようとする場合、「過去3期分の決算書」「資金繰り表」「取引している銀行リスト」などの大量の書類が必要ですし、担保を求められることも考えられます。そして銀行はそれらの書類にもとづき行内で稟議書を作成し、審査を行います。このような作業が必要なため、一般的に融資を申し込んでから実際に融資のお金が振り込まれるまで通常1カ月程度はかかるといわれています。

一方、トランザクションレンディングは原則として書類が必要ありません。融資の審査はオンラインショッピングの事業者が持つデータですべてが判断されます。アマゾンや楽天などの事業者は、出店しているお店の日々の売上データを持っています。そしてそのお店が利用者にどのように評価されているのか、成長しているのか、売れ筋の商品が多いのかといったデータもすべて把握しています。そのため、これらの出店者の成長性や安全性を判断するための書類は必要ありません。しかも申し込みから融資までの期間も数日間程度と非常に短いものです（中には即日や翌日に入金されるサービスもあります）。そして返済も売上から自動的に引き落とされるので、事業者にとって銀行の口座に振り込んだりといった事務負担も少なくてすみます。

日本では楽天やGMOイプシロンなどがトランザクションレンディングを手がけています。海外でもペイパルやアマゾンなどの大手のオンラインショッピングのプラットフォームのほぼすべてがトランザクションレンディングを手がけています。

オンラインショッピング以外のプレーヤーもトランザクションレンディングに進出しています。アメリカのスクェアは「スクェアキャピタル（Square Capital）」というトランザクションレンディングを行っています。サービス開始1年で、累計2万の加盟店が利用したと公表しています。

アマゾンのトランザクションレンディングサービスは一歩先を行っています。融資の申請もしていない事業者に対して、アマゾンの方から「いくらまでなら融資できますよ」と通知が行われるのです。アマゾンは日々すべての店舗を事前に審査しており融資可能と判断された出店者のアマゾンマーケットプレイスの管理画面には、融資可能額と貸出利率が表示される仕組みになっています。

このように自分たちが持っているデータをフル活用することで、現在のオンラインショッピングのプラットフォームは「売る」ための場としてだけではなく、「貸す」ための場としても機能しています。

請求書を現金化してくれるファクタリング

一般的なビジネス慣習では、通常請求書を発行してから実際に入金されるまで、30日から長ければ90日程度かかることがあります。これは中小企業や個人事業主にとっては非常にやっかいな慣習です。仕事はしたのに売上が現金になるまでに長い時間がかかることは、経営の安定性を左右する事態です。このようなニーズに応えるため、請求書を即時に現金化するサービスを「ファクタリング」と呼びます。

アメリカのファンドボックス（FundBox）はファクタリングサービスを提供するフィンテック企業です。利用方法は簡単で、自分の会社で使っている会計データソフトをファンドボックスに接続してデータを読み込ませ、その中で現金化したい請求書をクリックするだけです。ファンドボックスは、読み込んだ会計データから取引先や過去の受注状況などを自動的に分析し、貸し付けの可否と手数料を提示してくれます。トランザクションレンディング同様、利用者から書類を提出する必要は一切ありません。

ファンドボックスは請求書を現金化する際に「リスクフィー」という手数料を請求します。このリスクフィーはファンドボックス独自のアルゴリズムで自動的に算出されます。このアルゴリズムは、架空の請求書のような詐欺や不正を検知する機能も持っています。このリスクフィーがファンドボックスの収益になります。

ファンドボックスが提供している平均的な現金化の規模は5000－1万ドル（50－100万円）であり、3カ月先の請求書の場合は、請求書の記載金額の5－7％程度がリスクフィーとして設定されています。ファンドボックスのCEOによれば、2012年の創業以来、2万以上の事業者が顧客となっており、1500万件の請求書が現金化されたと発表しています。

財務データの透明性を高めるクラウド会計

ファンドボックスが利用する会計データは、実はクラウド会計というサービスの利用が前提となっています。クラウド会計とはネット上で会計情報を管理するサービスです。アメリカではミントの親会社のインテュイットなどが提供しています。

日本でもクラウド会計を提供しているフィンテック企業があります。フリーは利用している事業者が60万社（２０１６年6月現在）を越えるクラウド会計の最大手の１つです。このフリーは三菱東京ＵＦＪ銀行やみずほ銀行など11の銀行が協業した「freee 金融機関アドバイザーアカウント（β版）」というサービスを提供しています。フリーのクラウド会計を利用している企業が許諾すれば、フリーの会計データを提携した金融機関が閲覧できるというサービスです。銀行などの金融機関は提供された会計データを見ることで、企業の日々の状況を確認することができるようになります。それまでの決算書などをもとにした与信から、まさにトランザクションレンディングのような、日々の新鮮なデータにもとづく与信や企業評価が可能になります。

またＰＦＭサービスを提供しているマネーフォワードも事業者向けに「ＭＦクラウド会計」というサービスを提供しています。マネーフォワードは金融機関と提携して「ＭＦクラウド会計」を利用している企業向けにトランザクションレンディングと同様の「ＭＦクラウドファイナンス」というサービスの提供を計画していると発表しました。

会計ソフトのクラウド化はよりリアルな経営情報を共有することを可能にします。クラウド会計によって経営の「透明化」が進むことが期待できます。

8　システム・装置という参入障壁が消える――決済、ＡＴＭ

新興国で爆発的に普及するエムペサ

金融ビジネスは、多くの規制や法律を満たすきちんとした業務プロセス、全国にまたがる多くの支店やＡＴＭ、それらをつなぐネットワーク、そして堅牢で安全なシステムといった莫大な投資が必要なビジネスです。金融ビジネスに参入するにはこれらのハードルを乗り越える必要がありました。言い換えれば金融ビジネスには大きな参入障壁が存在したのです。物理的なネットワーク、例えばＡＴＭ網といったシステムと装置とネットワークが一体となったインフラの存在感は非常に大きなものです。ところが現在、スマートフォンを中心としたモバイルインターネットはこのような参入障壁を突き崩そうとしています。

また、モバイルインターネットというイノベーションは、このような莫大なインフラ投資の余裕がなかった新興国に新たな可能性をもたらしています。

アフリカのケニアでスタートしたエムペサ（Ｍ－ＰＥＳＡ）は、携帯電話ネットワークを利用したモバイル決済ネットワークです。エムペサは携帯電話のショートメッセージサービス（ＳＭＳ）でメッセージを送るだけで簡単に送金や決済を可能にするサービスです。エムペサを利用するのに銀行口座は必要ありません。また全国に銀行の支店やＡＴＭがなくても安全な送金や決済が可能です。現在ケニアでは総人口の実に3分の1の人たちがエムペサを利用しています。そしてエムペサはアフリカや中東、中央アジアなどの新興国にもサービスを広げつつあります。

エムペサの仕組みを簡単に見てみましょう。まず、エムペサを利用するには携帯電話が必要です。そして全国にエムペサの窓口となる「エージェント」と呼ばれる代理店が必要です。ただこの代理店は銀行の支店のような大規模なものではなく、街の商店街にある雑貨店などが片手間でも行える程度のビジネスです。

まず最初にエージェントに行って携帯電話をエムペサに登録してもらいます。そしてエージェントに現金を渡して、先ほど開いたエムペサ口座にその金額分の電子マネーをデポジット（預託）してもらいます。このデポジットされた電子マネーは、相手の携帯電話の番号を知っていればＳＭＳ経由ですぐに送ることができます。

一方、ＳＭＳで送金を受け取った方は、自分の近くにあるエージェントに行って受け取ったＳＭＳを見せることでエージェントから現金を受け取ることができます（受け取る際には本人確認の手続きが必要です。また受け取る際に手数料もとられます）。エムペサはＡＴＭや銀行の支店網が発達していなかったケニアで爆発的に普及しました。現在ケニア国内の送金の実に9割以上がエムペサを利用して行われています。

現在エムペサは単なる送金サービス以上の広がりを持ちつつあります。エムペサは、ある種の銀行口座の代わりとしても利用されています。エムペサで従業員の給料の支払いを行う企業も現れました。エムペサにデポジットしておけば全国どこのエージェントでも現金を手に入れられるので、まさにＡＴＭのように利用できます。そして海外のＮＰＯが行う支援にもエムペサは利用されています。海外からの支援の問題の1つは、補助金などの資金援助をしたくても、少額の資金を届ける手段がかなったことです。その問題をエムペサは解決してくれました。

銀行口座が不要になる

ＡＴＭ網などが存在しない新興国でエムペサが受け入れられたのは理解できます。しかしすでに充実したＡＴＭ網が存在する先進国ではこのような仕組みが受け入れられるものでしょうか（実際、エムペサの仕組みを開発したのはイギリスのボーダフォンでした。しかしイギリスではニーズはないと判断されました）。実は先進国でもモバイルネットワークを使って既存のＡＴＭに挑戦しているフィンテックスタートアップが存在します。

アブラ（abra）はシリコンバレーに拠点を置く新興企業で、Ｐ２Ｐの送金サービスを開発しているフィンテックスタートアップです。アブラの送金にも銀行口座は不要で、送金に必要なのは相手の携帯電話番号だけです。そして受け取ったお金を引き出すときは、ＡＴＭではなく「テラー（Teller）」と呼ばれる人物から受け取ります。この辺りはエムペサのエージェントに似た仕組みです。そしてこのテラーがある意味ＡＴＭ端末のような役割を果たすのです。送金を受け取った人はスマートフォンのアプリで自分の近くにいるテラーを探し、その人のところで現金を受け取ることができます。そして現金を渡したテラーは手数料を受け取るようになっています。

アブラの送金は海外に向けても行うことができます。現在、フィリピンでアブラの送金サービスが利用できるようになっています（日本はまだ対象外です）。

アブラやエムペサの最大の特徴は銀行口座を持っていなくても安全な送金・決済を可能にしている点です。そしてエムペサは単なる送金サービスを超えて、さまざまな金融サービスの受け皿として発展しつつあります。銀行口座を必要としない金融サービスのプラットフォームが誕生しつつあるのです。そしてこの新しい金融プラットフォームは、参入障壁の高い、膨大な投資が必要な銀行ネットワークを必要としないため、金融包摂を大きく改善する可能性を秘めているのです。

9 保険のフィンテック：インステック（InsTech）

保険業界にもフィンテックの波は押し寄せています。保険領域でのフィンテックは、「保険（インシュアランス：Insurance）」の頭文字をとって特に「インステック（InsTech）」と呼ばれています。

インステックが保険業界に与える影響

保険業界はテクノロジーの進化によって大きな影響を受ける可能性のある業界です。それには大きく4つの理由が考えられます。

まずはビッグデータの影響です。スマートフォンやウエアラブル端末が普及して個々人のライフログが収集されビッグデータ化することで、それまでは保険会社だけが保有していた「事象の発生確率」が他の業種でも入手できるようになる可能性があります。保険会社は過去からの膨大な契約から独自に事象の発生確率を算出し、それにもとづいた保険料率を定めることでビジネスを行ってきました。このデータは、いままでは他社が容易に入手できるものでありませんでした。しかし、ビッグデータはこの壁を取り払う可能性があります。実際、ウエアラブル端末のデータを利用した保険はすでに商品化されています。

2つ目はリアルタイムの情報が利用できるようになることです。それまでの保険ビジネスは、事前に設定した固定的な保険料率でビジネスを行ってきました。自動車保険では保険契約の切り替えごとにしか保険料率を変えることはできませんでした。しかし、モバイルネットワークを活用すれば、リアルタイムの情報が利用できます。例えば年間走行距離が少ない人にはもっと安い保険料を提案することができます。さらに将来的にはＩｏＴの進展によってあらゆる機械や装置から膨大なデータが入手できるようになります。ビッグデータは保険会社の競争力を根底から覆す可能性を秘めています。

3つ目が自動運転という技術革新です。自動運転が本格的に普及すると「事故」そのものの発生確率が劇的に低下する可能性があります。また自動運転が普及すれば、事故の責任が、いままでのドライバーから、そのサービスを提供している事業者に移る可能性があります。そうなると、従来の自動車保険はまったく異なるビジネスになってしまうでしょう。現在、損害保険会社の売上の多くを自動車保険が占めています。しかし、自動運転の普及によって近い将来、自動車保険ビジネスが消えてしまう可能性があるのです。

最後に、保険の販売チャネルの問題です。現在、保険の販売は人や店舗などの物理的チャネルに大きく依存しており、固定費がかさむ構造になっています。既存の保険会社はネットチャネルを活用する新規参入プレーヤーとの厳しいコスト競争に備える必要があります。

実際のデータを活用した新たな保険の登場

アメリカのメトロマイル（MetroMile）では、走行距離に応じて保険料を算出するサービスを提供しています。同社はほぼすべての自動車に装着されている車両診断用の機器（これは自動車メーカーが整備のために付けている機器です）のデータとGPSデータを利用して、実際の車の走行距離を計測します。そして例えば年間5000マイルしか運転していないドライバーなら保険料が半額になるというサービスを提供しています。

またアメリカの自動車保険会社プログレッシブ（Progressive）は、自動車に専用のデバイスを使い装着することで、ドライバーの運転状況に合わせて保険料が変動する自動車保険を販売しています。この保険（「スナップショット」という商品名がついています）は、ドライバーの走行パターンを自動的に記録し、その運転の安全度合いを評価することで保険料を割り引いてくれます。例えば1日の走行距離や運転する時間帯、急ブレーキの回数などで安全運転かどうかを評価するのです。そして安全運転だと判断されれば、保険料が最大で30％程度割り引かれます。

このように走行距離に応じた自動車保険があるように、医療保険にも「運動量」に応じてボーナスを支払うサービスがあります。アメリカのオスカー（Oscar）は、契約者にウエアラブル端末を渡して、その人の1日の運動量を記録します。そしてユーザーの活動履歴と年齢や性別などに応じて1日の目標歩数といった運動目標が設定されます。ユーザーがこの目標を達成すると、1日1ドルのボーナスがもらえます（このボーナスはアマゾンのギフトカードで支払われます）。オスカーはユーザーが健康であればあるほど保険金の支払を回避できるので、どちらにとってもメリットのあるビジネスといえます。フランスの大手生命保険会社のアクサでも同様のサービスが開始されています。

またソーシャル機能を盛り込んだ保険も登場しています。ドイツのフレンドシュアランス（Friendsurance）は、「人とのつながり」を利用した自動車保険を提供しています。フレンドシュアランスでは、家族や職場の仲間同士といった加入者同士でグループを作ってそのグループ単位で保険に加入します。グループは支払う保険料金の一部をプールしておき、仮に少額の保険請求があった場合（ちょっとした傷の修理など）には、このプールした保険料から支払うようにします。もし事故などが起きて高額の保険請求が生じた場合は、保険契約に従い保険会社から保険金が支払われることになります。

仮にメンバー全員が無事故を達成し、保険請求を1年間行わなかった場合は、翌年の保険料が大幅にディスカウントされます（10人のグループの場合、最大で50％の保険料ディスカウントが適用されます）。この仕組みによって、グループのメンバーは安全運転を心がけるようになります。自分だけではなく周りのメンバーに迷惑をかけないように運転しようという効果が生まれるのです。

また、保険では不正請求が問題になるのですが、フレンドシュアランスでは保険の請求がなければ翌年の保険料が大幅に下がるため、他のメンバーに迷惑をかけるような不正な保険請求も抑制される効果があります。しかもこのフレンドシュアランスは口コミで顧客を獲得するため、一般の保険商品のような広告も必要ありません。フレンドシュアランスではこれら複数の費用抑制効果によってコストを最大で50％程度削減できるとしています。

インステックとフィンテックの競争

保険業界でのインステックスタートアップの勢いは今後ますます強まることが予想されます。しかし一方で、保険以外のフィンテック企業が保険ビジネスへ自社のサービスを拡大する動きも出てきています。

ソーシャルレンディングで紹介した学資ローン借り換えサービスを提供しているソフィは、自社の顧客である若年層に生命保険や医療保険の販売を企画しています。またPFMサービス事業者は、ユーザーが加入している保険商品の契約内容を分析して、よりユーザーに適した保険を紹介するサービスの提供を検討しています。

保険も金融商品の一種であることに変わりはありません。ユーザーのニーズをうまく捉えることができるプラットフォームを構築した企業にとって、生活にかかわるあらゆる金融商品を手がけることはごく自然なことでしょう。当初、書籍のみを扱っていたアマゾンが、日用品やデジタルコンテンツまでも扱うようになったことと同様の展開が、フィンテックやインステックの業界でも起きるというのは容易に想像がつくことです。今後、フィンテックとインステックの間でも激しい競争が起きることが予想されます。

10　イノベーションのジレンマに直面する既存金融機関

この章では金融領域で起きているイノベーションについていろいろな事例を見てきました。このようなイノベーションが金融業界に与える影響はどのようなものになるのでしょうか。イノベーションがそれまでの産業の様子を一変させ、安泰だと思われていた巨大企業が名もないベンチャー企業に敗北していった事例は数多くあります。そしてこの巨大企業が敗北していくメカニズムには一定のパターンがあることが知られています。それが「イノベーションのジレンマ」です。

『イノベーションのジレンマ』とはハーバード・ビジネス・スクール教授のクレイトン・クリステンセンにより1997年に出版された著書のタイトルです（邦訳は2001年翔泳社より出版）。この本の内容を端的に表しているのが、サブタイトルの「技術革新が巨大企業を滅ぼすとき」というものでしょう。同書でクリステンセンは、技術革新によってもたらされる「破壊的イノベーション」に巨大企業がうまく対応できず、新興企業に敗れ去っていくメカニズムを解き明かしました。ここで簡単にイノベーションのジレンマのメカニズムを説明しましょう。

持続的イノベーションと破壊的イノベーション

まず、最初にそもそもの「イノベーション」から見ていきます。クリステンセンによれば、イノベーションは「持続的イノベーション」と「破壊的イノベーション」の2種類に分類されます。

「持続的イノベーション」とは「性能が連続的に向上していくイノベーション」です。この持続的イノベーションは、すでに一定の規模の市場と顧客が存在し、その中のメインとなる顧客層が重視する性能を改善していくためのイノベーションです。そしてこのメイン顧客はより高い性能を求める「ハイエンド」のニーズを持った顧客です。ただしハイエンドの顧客は数としてはそれほど多いわけではありません。

ある製品・サービスが顧客に受け入れられて市場が形成されると、その市場に参入した企業の間で性能や品質を高める競争が始まります。企業は顧客のニーズを満たし、さらに競争に打ち勝つために、自社の製品やサービスと、さらにそれを生み出すあらゆるプロセスを改善するための投資を行います。このような顧客のニーズを満たすために新技術を開発し、新たな製品・サービスを継続して生み出すようなイノベーションのことを「持続的イノベーション」と呼びます。

実はさまざまな業界で行われるイノベーションのほとんどは持続的なものといえます。持続的イノベーションはその市場におけるメインの顧客が求めるニーズに沿って行われるものです。そのため、持続的イノベーションでは、例えば「価格あたりの性能向上」といった連続的で測定可能な性能向上をもたらします。

「破壊的イノベーション」とは、それまでの主流の市場とは異なる市場で生まれるイノベーションです。性能的には主流の市場のメイン顧客のニーズを満たすものではありません。ただし別の市場の新たな顧客のニーズを満たす光るものを持っています。低価格であったり、小型であったり、機能がシンプルで簡単に使えたり、といった特徴です。ただ、この破壊的イノベーションは主流市場のメイン顧客からは当初見向きもされません。なぜならメイン顧客が求めるニーズを満たす性能を達成していないからです。ただし一部のそれほど高い性能を要求しない顧客、つまり「ローエンド」の顧客のニーズを満たすことは

図Ⅳ-1　破壊的イノベーションの理論

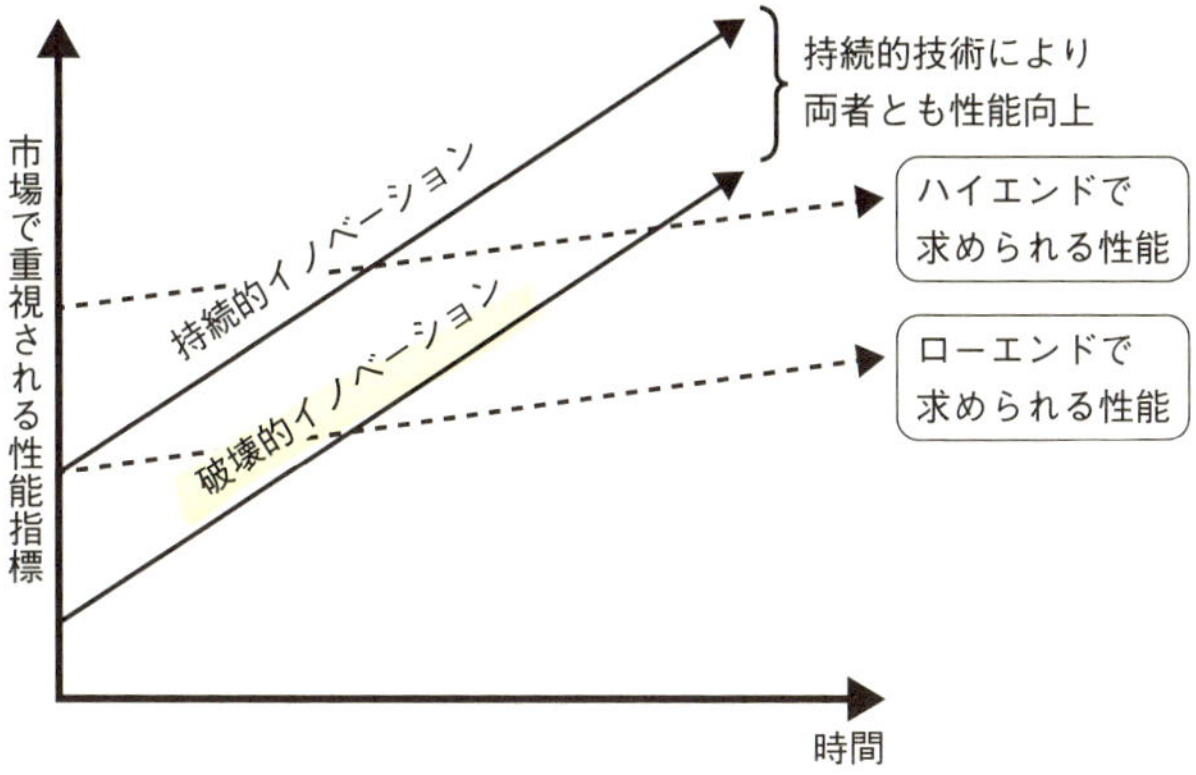

（出所）クレイトン・クリステンセン『イノベーションのジレンマ』（翔泳社）より筆者作成

可能です。当初、破壊的イノベーションは「ローエンド」の顧客に受け入れられることで市場に参加します。そしてローエンドの顧客はハイエンドの顧客よりも大きなボリュームを持った市場です。

この破壊的イノベーションも、生まれたそのときから持続的イノベーションを始めます。そしてじわじわと性能を向上し、いつか主流市場のメイン顧客の一部のニーズを満たす性能を手に入れることに成功します。この瞬間に主流市場の競争構造はそれまでとまったく異なるものになってしまうのです。

そのメカニズムを模式化したのが図

Ⅳ－1です。この図を見ながら、巨大企業が破壊的イノベーションに対応できずに新興企業に破れていくメカニズムを説明しましょう。

「イノベーションのジレンマ」のメカニズム

①巨大企業は、メイン顧客のニーズを満たすことが至上命題です。メイン顧客のニーズに応えるような既存技術の改良と新技術の開発、つまり持続的イノベーションに投資を行います。そして主流市場の競争力を高め、強固なポジションを築こうとします。

②一方、主流市場とはまったく別のところで破壊的イノベーションが登場します。当初の破壊的イノベーションは、性能的にはメイン顧客のニーズを満たしません。当初は一部のローエンドの顧客を相手にしながら、持続的イノベーションで徐々に性能を向上させていきます。

③ハイエンドのメイン顧客のニーズを満たすために必死な巨大企業から見ると、破壊的イノベーションの技術はたいしたことのない技術に見えますし、ローエンドの市場は利益率も高くはないので、巨大企業にとって破壊的イノベーションは無視されます。

④さて持続的イノベーションによる製品向上ペースは、その市場の競争が激しければ激

しいほど高くなります。そしていつしか顧客が求める水準を追い越してしまいます。これが「過剰品質」と呼ばれる状態です。しかし、巨大企業は企業間の競争もあるため、技術開発を続けざるを得ません。その結果「過剰品質」はますます大きくなってしまいます。

⑤巨大企業が「過剰品質」に陥るまでの間に、破壊的イノベーションも持続的イノベーションによって品質を向上させています。そしてある時点で、メイン顧客から見てもコストパフォーマンスの良い製品・サービスに進化します。このとき、破壊的イノベーションは、市場の大部分を占めるローエンドから、さらには過剰品質についていけないハイエンドの顧客のニーズも満たし、徐々に巨大企業の顧客を奪い始めます。

⑥このときになって初めて、巨大企業は破壊的イノベーションに市場を侵食されていることに気づきますが、いまさら品質を下げた価格の低い製品を市場に出すことは不可能です。なぜならその製品は巨大企業の既存の市場、つまり利益率の高いハイエンドの市場を自ら破壊してしまうことになってしまうからです（これを「共食い（カニバリゼーション）」と呼びます）。

⑦そうして、巨大企業が対応できないままいずれ市場全体が破壊的イノベーションに席

巻されてしまうのです。

以上がクリステンセンの示した「イノベーションのジレンマ」の発生メカニズムです。そして、この「イノベーションのジレンマ」のプロセスで、もう1つクリステンセンが解き明かした衝撃的な事実がありました。それは、巨大企業は「優秀」であるがゆえにイノベーションのジレンマに陥ってしまうというメカニズムでした。

「優秀」な巨大企業が陥る「ジレンマ」

クリステンセンは、巨大企業が破壊的イノベーションへの対応に遅れるのは、経営陣が無能なのでもなく、大企業特有の官僚主義のせいでもなく、彼らがまさに「優れた経営」を実践しているからだと結論づけたのです。そして、その「優れた経営」とは「メイン顧客のニーズに応え続ける」という巨大企業が追い続けてきた経営のことだといいます。巨大企業が「優秀」な経営をすればするほど、破壊的イノベーションに対応できなくなるという逆説的な結論は産業界を驚かせました。

巨大企業の優れた経営がなぜ破壊的イノベーションへの対応を不可能にするのかを簡単

に説明します。巨大企業は顧客と投資家を満足させるような経営を求められます。そしてメイン顧客は自分たちの求める性能を達成することを求めますし、投資家は短期的な利益と中期的な成長を求めます。このため巨大企業は充分な利益と成長とを同時に追求せざるを得ません。そうなるとまずはメイン顧客向けの利益率の高い市場に資源を集中させる必要があります。一方で、巨大企業はさらなる成長のために新しい成長分野を探しますが、たいていの場合、小規模な市場はこのような巨大企業の成長を満たすほどのボリュームはありません。勢い、巨大企業は破壊的イノベーションが起きている主流ではない、規模の小さい市場は検討から除外します。

仮に検討するにしても、規模が小さく顧客も少なく、またいままでの自社の顧客とは異なる顧客相手です。しかもこの市場は不確実性も高く、将来予測も事業計画も立てようがありません。さらに参入した場合、自社の既存のビジネスを脅かすカニバリゼーションの可能性があるとしたら、そのような市場へ参入することは経営的にも難しいですし、なによりメイン顧客や株主を納得させることはできません。メイン顧客にとってみればもっと自分たちのニーズを満たすための投資を求めますし、株主は見通しのない投資を嫌います。

そのため、巨大企業にとって破壊的イノベーションが起きている市場への参入は、巨大企業が「優秀」かつ「合理的」であればあるほど難しくなってしまうのです。

破壊的イノベーションとしてのフィンテック

さて破壊的イノベーションには「ローエンド型」と「新市場型」の2種類があります。「ローエンド型」の破壊的イノベーションは、主流市場で「過剰品質」が起きている場合に起きるイノベーションです。巨大企業の製品・サービスの品質がハイエンドの顧客のニーズを超えてしまうと市場に「隙」が生まれます。ここに「ローエンド型」の破壊的イノベーションが市場へ侵食する余地が生じるのです。

もう一方の「新市場型」の破壊的イノベーションは、ニーズはあるけどお金や時間がない顧客（「無消費者」と呼びます）や、既存の製品やサービスが十分に利用されていない状態（「無消費の状況」と呼びます）がある市場で生じるイノベーションです。例えば既存の製品では価格が高すぎたり、既存の製品では機能がありすぎて逆に使いづらかったりといった状態が「無消費」です。このような市場では、より低価格でシンプルな製品やサービスが参入する余地を生みます。ただし、実際はこの両者の特徴を持った「ハイブリッド」な破壊的イノベーションとして現れることが多いようです。

実はフィンテックには、この「破壊的イノベーション」とみなせるものが数多く含まれています。

ソーシャルレンディングは、「既存のローンよりも金利が安く、既存の預金よりは金利がいい」という新たな市場を開拓しました。それまでは借りるには金利が高すぎると思っていた人たちにもローンを借りてもいいかなと思わせるイノベーションです。ロボアドバイザーは低価格と使いやすさ、わかりやすさを武器にそれまでは投資に縁のなかった若年層という「無消費者」を投資に向かわせることに成功しています。スマートフォンバンキングやスマートフォントレーディングも、それまでの銀行や証券会社のサービスより機能面では劣るものの、いつでも気軽に利用ができるという「小型化、シンプル化」という破壊的イノベーションの王道を行くイノベーションです。

ライフログを活用した与信でお金を借りる個人や、トランザクションレンディングの主要な借り手はそれまで銀行にはあまり相手にされなかった人たちです。トランザクションレンディングなどのフィンテックサービスは、それまで長年にわたって与信のモデルを磨いてきた金融機関の人にとっては子供だましに見えるかもしれませんし、実に危なっかしい行為に見えるかもしれません。しかし、このサービスを利用している人たちはお金を借りたいというニーズがあったにもかかわらず今まで相手にされなかった人たちです。

クラウド会計は安い利用料金と自動的な仕訳機能で中小企業や個人事業主を中心に拡大しています。エムペサが作り上げた決済・送金インフラは、日本の充実したＡＴＭ網からすれば機能的には取るに足りないものかもしれませんが、逆にいえば新興国にとっては日本のＡＴＭ網は「過剰品質」の最たるものです。

このように金融領域でも破壊的イノベーションはすでに起きていると考えるべきでしょう。そして「イノベーションのジレンマ」のメカニズムが発動する条件もすでに整っているといっていいでしょう。なぜなら既存の金融機関は総じて「優秀すぎるほど優秀」だからです。

それでは金融機関はこのまま敗れ去っていくのでしょうか。クリステンセンは、『イノベーションのジレンマ』の続編となる『イノベーションへの解』で、巨大企業が破壊的イノベーションにどう対処すべきかを説いています。次章以降、金融機関はどうすべきかについて考えていきたいと思います。

第Ⅴ章 フィンテックにどう向き合うか

フィンテック1・0はある意味で金融機関の持続的イノベーションを指すものといってもいいかもしれません。そしてそれに続くフィンテック2・0は金融機関にとっての破壊的イノベーションだと見ることができます。「破壊的イノベーション」が登場してしまったことで、フィンテックはすべての金融機関にとって避けては通れない課題となったといえます。

フィンテックは確かに既存の産業構造を破壊する「破壊者」という一面を持っていますが、利用者から見れば、より使いやすく便利な金融サービスをもたらす「革新者」でもあります。また、いままで金融サービスから疎外されていた人たちに金融サービスの門戸を開いてくれる可能性もフィンテックのまた別の側面です。

この章ではフィンテック1・0、2・0がもたらすであろう環境変化に対して、金融機関、そして金融機関にITサービスを提供してきたITベンダー、そして金融のルールを定めてきた規制当局や公的機関が「フィンテック」に対してどのように対応すべきかを考えます。

金融機関は既存のやり方や仕組みやルールをうまく作り変え、「イノベーションのジレンマ」を乗り越えることが求められています。ITベンダーは金融機関の問題意識を受け止め、そのうえで専門家としてイノベーションへの対応をリードし、また共同してイノベーションを生み出していく役割が求められます。規制当局はフィンテックのもたらすメリットを最大限活かすようなルール作りが求められます。そして忘れてはいけないのが「利用者保護」です。フィンテックは確かに革新的な金融サービスをもたらす存在ではありますが、革新には常に負の側面があることもまた事実です。すでに海外では華々しく登場したフィンテック企業の破綻事例が起きています。また、フィンテックサービスを悪用した犯罪や詐欺的行為への対処も考える必要があります。

金融ビジネスにかかわるすべての関係者に、いままで営々と培ってきた安心・安全な金融インフラを維持することと、フィンテックの革新を推進することを両立させることが求められています。そのためにも、フィンテックが「健全」な発展を遂げるための新たなルール作りが必要です。すでに金融庁を中心として、フィンテックの発展に向けた環境整備の議論が活発に行われています。海外での議論も踏まえつつ、あるべきルール作りの方向性についても考えていきたいと思います。

1　既存金融機関が準備しておくべきこと

「イノベーションのジレンマ」は、「優秀」な巨大企業が破壊的イノベーションへの対応に必然的に後れをとってしまうメカニズムを明らかにしました。しかしクリステンセンは、このメカニズムを乗り越えるための方策も提示しています。『イノベーションのジレンマ』の続編にあたる『イノベーションへの解』において、クリステンセンは既存企業が破壊的イノベーションにどう対処すべきかを、「資源」「プロセス」「価値基準」という要素に分解し、それぞれの要素をどう活用し、またどのように変革すればいいのかを考察しています。ここでは、クリステンセンのフレームワークから出発して、海外の金融機関の先進事例を材料としながら、既存の金融機関のフィンテックへの対応策を考えていきたいと思います。

大企業の「優秀さ」の3要素

「イノベーションのジレンマ」は、巨大企業の持つ「優秀さ」が引き起こす悲劇でした。

その意味で破壊的イノベーションへの対応策とは、この「優秀さ」の否定のうえに成り立つものといえます。この「優秀さ」は「資源」「プロセス」「価値基準」の3つの要素に分解されます。この「資源（Resource）」「プロセス（Process）」「価値基準（Value）」それぞれの頭文字をとって「RPV理論」と呼ばれます。以下、この3要素それぞれについて見ていきましょう。

まずは「資源」からスタートです。ここでいう「資源」とは、いわゆる「人・モノ・金・情報」という企業が利用するあらゆるリソースを指します。ここでは破壊的イノベーションを生み出す、もしくはそれに対応できる資源の獲得が目的です。この要素の中で「優秀」な大企業に充分に存在しているのは「モノ」と「金」です。そして決定的に欠けているものが「人」と「情報」です。つまり、大企業が破壊的イノベーションに対応するためには「モノ」と「金」を投じて、「人」と「情報」を補う必要があることがわかります。

ついで「プロセス」です。これは仕事を進めるうえでのルールや手順、考え方までを含んだ概念です。ここでの「プロセス」の獲得とは「破壊的イノベーションを生み出せるような能力を組織内部に持つこと」です。言い換えれば「優秀さ」と決別したやり方を企業内部に作り出すことを意味します。いままでの顧客ニーズ、利益、株主を最優先するやり方を離れ、不確実なイノベーションを追求する仕組みを作り上げるわけです。「プロセス」には製品開発プロセス、予算策定プロセス、さらに人材採用や育成のプロセスも含まれます。この「プロセス」は「資源」のあり方を規定します。この「プロセス」を破壊的イノベーションに合わせることが必要です。

最後に「価値基準」です。これは組織の行動の優先順位を定める基準です。大企業は既存のビジネスでは「利益率」や「シェア」を重視します。そして新たな市場を検討する際は「市場規模」や「市場成長率」を重視するでしょう。また「顧客満足度」や「ブランド価値」も重要な行動基準です。そして実はこの「価値基準」こそ、「資源」や「プロセス」のあり方を決める最も根本的な要素です。なぜならこの「価値基準」にしたがって「プロセス」が決められ、また最適化されていくからです。

そして大企業は往々にして「利益率」と「市場規模」がもっとも重要な「価値基準」になりがちです。そしてこの「価値基準」は「イノベーションのジレンマ」を生み出すメカニズムの引き金になることはもうおわかりでしょう。つまり「利益率」や「市場規模」を追求しない「価値基準」の構築が求められるのです。

しかし、このような変革がすぐにできるのであれば苦労はしません。実際はこれらの要素を変革しようとすると社内から強い反発が起きることは容易に想像できるでしょう。仮に経営陣の大号令があったとしても実現には長い時間がかかりそうです。そして、すでに起きてしまった破壊的イノベーションに対抗するにあたって、最も希少な資源は「時間」です。破壊的イノベーションがメイン顧客に到達する前に手を打たなければいけないのです。そして「時間」は買うことができます。大企業に潤沢にある「モノ」と「金」を投じて時間を買うことが破壊的イノベーションへの対抗策なのです。

破壊的イノベーションへの対抗策

クリステンセンは、破壊的イノベーションへの具体的な対抗策として以下の3つを挙げました。

- 破壊的イノベーションに適したプロセスと価値基準を持つ「外部組織の買収」
- 現在の組織のプロセスと価値基準を変革する「社内改革」
- 既存の大企業の組織の論理と切り離した新たな「別組織の設立」

これらの方策はすべて破壊的イノベーションに適した「プロセス」「価値基準」を獲得するための方策です。「資源」の獲得は含まれていないことに注意しましょう。なぜ「資源」の獲得が入っていないのかというと、「資源」は「プロセス」と「価値基準」に依存するからです。仮に優秀なベンチャー企業を「資源」として買収したとしても、そのベンチャー企業に大企業の「プロセス」と「価値基準」を押し付けてしまえば、そのベンチャー企業のよさは失われてしまいます。そうならないためにも、大企業は破壊的イノベーションに対応する「プロセス」と「価値基準」をまずは獲得しないといけません。

さて、これらの対抗策はすでにいろいろな金融機関で実際に取り組まれています。海外の金融機関を中心に実際の取り組み事例を見ていきましょう。

対抗策1：外部組織の買収

この場合における、金融機関によるフィンテック企業の買収の代表的な事例をいくつかご紹介します。BBVAはスマートフォンバンキングのシンプルの買収を皮切りに、フィンランドのオンラインバンキング企業ホルビ（Holvi）の買収も行っており、それ以外にも複数のフィンテック企業を買収しています。また世界最大の資産運用会社であるブラックロックはアメリカのロボアドバイザー大手のフューチャー・アドバイザーを、世界的な投資信託販売会社のフィデリティはＰＦＭ企業のイーマネー・アドバイザーを買収しています。このような買収は今後も引き続き行われるでしょう。さらに買収まではいかずとも、フィンテック企業への出資を行う金融機関はさらに数多く存在します。

しかし「資源」を獲得しようとしてフィンテックスタートアップを買収した場合はおそらく失敗に終わるでしょう。実際、海外のとある銀行は、自行が買収したスタートアップ企業の社員にも9時出社、ネクタイ着用を義務付けたところ、大半のエンジニアが辞めていってしまったという笑えない話があります。買収で手に入れるべきなのは「プロセス」と「価値基準」なのです。

対抗策2：組織の意識変革

自らの組織の意識改革を進める金融機関も登場しています。本書に何度も登場しているＢＢＶＡのエマニュエル・ゴンザレス会長は「ＢＢＶＡは将来ソフトウェア会社になるだろう」と発言して注目されました。また米国大手銀行のＪＰモルガンのジェームズ・ダイモンＣＥＯも「我々の競争相手はフェイスブックとグーグルだ」と述べました。ゴールドマン・サックスのロイド・サックスCEOも「我々の競争力の中核はテクノロジーであり、我々はすでにテクノロジー企業である（ゴールドマン・サックスの従業員の3分の1がエンジニアであることを受けて）」と述べています。

極端なケースとしては、スペイン最大の銀行グループであるサンタンデール銀行は2016年度におよそ450もの支店の閉鎖を計画していると発表し、物理的な支店チャネルからモバイルなどのネットトチャネルへの移行の本気度を示しています。

これは内部から「プロセス」と「価値基準」を変革していくための取り組みです。しかしながら、大企業の「プロセス」と「価値基準」はそうそう簡単に変革できるものではありません。大企業が大企業となり得たのはその「プロセス」と「価値基準」が優れていたからともいえるからです。そして大企業の組織は既存の「プロセス」と「価値基準」に最適化されています。そのため、この方策の実現性にはクリステンセン自身も懐疑的でした。

対抗策3：新たな別組織の設立

そこで登場するのが既存の「プロセス」「価値基準」に縛られない新たな別組織を立ち上げるという選択肢です。破壊的イノベーションに適した「プロセス」と「価値基準」を持った組織を作るというやり方です。そしてこれは最も現実的な対応策でもあります。海外の金融機関の多くがすでに別組織を設立しています。これらの設立した別組織をタイプ別に見てみましょう。

①リサーチ・センターの設置：シリコンバレーなどのスタートアップ集積地にオフィスを設置し、現地のベンチャー動向や技術トレンドの情報収集を行う組織です。必要に応じて外部の研究機関との提携や共同研究などの拠点にもなることがあります。日本の銀行やクレジットカード会社などが開設したシリコンバレーオフィスなどは、このような組織の代表的な例といえます。

②ベンチャーキャピタルの設立：外部のベンチャーキャピタルやアクセラレータと提携し、スタートアップ企業への投資を行うベンチャーキャピタル組織です。ただし、買収が「資源」の獲得にならないよう細心の注意を払う必要があります。すでに大手の金融機関の多くが自社のベンチャーキャピタルを持っています。シティコープのシティ・ベンチャーズや、ウェルス・ファーゴ、ゴールドマン・サックス、クレディ・スイスなどのベンチャーキャピタルが有名です。日本でも楽天グループな

どがベンチャーキャピタルを設立しています。

③スタートアップ支援施設（インキュベータ）の設立：ベンチャーキャピタルよりももう一歩踏み込んで、より直接的にスタートアップ企業の支援まで行う組織を設立するケースです。ここでも外部のアクセラレータと共同で行うケースが大半です。日本では三菱地所がフィンテックインキュベータの「フィノラボ」を設立して話題になりました。

④イノベーション組織の設置：全社横断的な組織を設立し、最新テクノロジーの活用やビジネスモデルの導入を推進する組織を設立するようなケースです。この場合、この組織は他の3つの機能も合わせ持つ総合的な組織とするケースが多いようです。

この新組織の設立の特徴的な事例として、マスターカードとシティグループ、そしてBBVAの事例を紹介します。

マスターカードは社内に「マスターカード・ラボ」というイノベーション組織を設立しています。本部はダブリンにあり、アメリカとシンガポール、ブラジルなどグローバルに研究拠点を設置しています。この組織の予算はCEOが直接コントロールし、CEO以外は誰も予算変更の権限を持っていないという意味で真の「トップダウン」の組織です。この組織のルールはシンプルで「2年以内に商品化すること」という1点のみです。進捗報告などは一切不要としています。まさに大企業とはまったく異質の「プロセス」と「価値基準」を持った組織といえます。マスターカード・ラボからは次々と新たな新規事業が生み出されています。その1つが前に紹介したスマートフォンで自分の顔を撮影する（セルフィー）ことでクレジットカード決済の認証を行う「セルフィー認証」です。

シティグループは2010年にシティ・ベンチャーズを設立しています。この新組織は総勢30名程度の小規模な組織で、ベンチャーキャピタル出身者などの外部出身者が多く参加しています。シティ・ベンチャーズの主な活動は2つで、1つはスタートアップ企業への投資活動です。投資分野は「ビッグデータ」「商流・決済」「金融技術」「セキュリティ・企業IT」の4分野で、それぞれの分野のスタートアップに出資を行っています。

もう1つの活動が、自らが行うイノベーション関連の活動で、スタートアップ企業を育成するアクセラレーター・プログラム運営と、研究所（ラボ）での研究開発です。シティ・ベンチャーズの特徴はこれらの活動を単体で行うのではなく、シティグループの現場の各ビジネス部門と共同して推進している点です。

このような組織は「双面型組織」と呼ばれます。破壊的イノベーションへの対応組織を完全な外部の組織としてしまうと、既存の「プロセス」と「価値基準」はまったく影響を受けないことになります。既存事業の深掘りと新規事業の開発の双方を追求する組織とすることで、新たな「プロセス」と「価値基準」を社内にも創出することが「双面型組織」の目的といえます。

BBVAは2011年にベンチャーキャピタルであるBBVAベンチャーズを設立しています。BBVAベンチャーズも既存の金融機関とは異なる「プロセス」と「価値基準」を追求しています。金融機関は「自前主義」が強く、「失敗」に厳しい組織です。しかしBBVAベンチャーズでは、フィンテックスタートアップのビジネスが自らのサービスと競合する場合、あえて両者を競争させるように仕向けます。ときには自社のサービスの提供を断念し、スタートアップ企業のサービスを採用することもいといません。

そしてBBVAベンチャーズでは「素早い失敗」を推奨しています。新しいサービスを展開する際には、通常「技術評価」「市場分析」「プロトタイプ作成」「テストマーケティング」を経て実際のサービス開始というプロセスをとります。一般的に金融機関では最初の段階から非常に緻密な計画が要求されます。途中段階での「失敗」は許されない雰囲気が強く、不確実なプロジェクトは検討段階で排除されることが往々にして起こります。しかし、ＢＢＶＡではとにかくやってみることが推奨されます。

当然失敗するプロジェクトも数多く生まれますが、ＢＢＶＡでは「失敗」こそが新たなサービスを生み出す基盤となると捉え、素早く失敗することで経験を蓄積しようとしています。ＢＢＶＡは「失敗を許容する」という新たな「プロセス」と「価値基準」を追求しているのです。

オープンイノベーション

いままで見てきたように、金融機関は破壊的イノベーションに対応するために積極的に外部のリソースを活用するようになってきています。従来、金融機関はすべてを自分たちで行う「自前主義」が強い業界でした。しかし、近年ではＩＴの発展に１社だけで対応することが難しくなってきています。そうした中で、自社と外部の企業などが技術やノウハウを持ち寄り、１社だけではできないような新技術のスピーディーな開発を可能にしようとする取り組みを「オープンイノベーション」と呼びます。

「オープンイノベーション」は２００３年、当時ハーバード大のヘンリー・チェスブロウ教授が提唱したコンセプトです（同名の著書が出版されています）。チェスブロウ教授によるオープンイノベーションの定義は「企業内部と外部のアイデアを有機的に結合させ、価値を創造する」というものです。

これまでの金融機関は「安定性」や「堅牢性」を重視した組織でした。また規制によって業務が縛られている中では新規事業に乗り出しにくいという側面もありました。そのような金融機関に対して、スタートアップ企業は規制をかいくぐり、失敗を恐れずにイノベーションにチャレンジする「プロセス」と「価値基準」を持っています。オープンイノベーションを活用することで、不確実性の高いフィンテック領域の先進的な成果を検証し、優れたアイデアや技術を自社のビジネスに組み込むことが求められています。

JPモルガンでは、オンデックの与信モデルを自社の中小企業貸出の与信モデルとして活用しています。ゴールドマン・サックスはビッグデータ分析のベンチャー企業であるケンショー（KENSHO）を自社の市場分析のエンジンとして採用しました。またゴールドマン・サックスは自社のシステムのソースコード（実際に書かれたプログラムの中身）を公開しました。社外のプログラマでもゴールドマン・サックスの実際のソースコードを見たり改良したりすることができるようになりました。このようなオープンイノベーションの取り組みが、今後ますます進んでいくでしょう。

2　ＩＴベンダーの役割

もともと金融業界では金融システムを自前で構築することが主流でした。金融機関自らがハードウェアとソフトウェアのさまざまな規格や仕様を定め、「こういうＩＴシステムが欲しい」という要望をＩＴベンダーに発注するという形態が続いてきました。当然、規格や仕様の検討段階からＩＴベンダーは参加していましたが、最終的な判断は金融機関に委ねられてきました。そのような環境が続いた中で、ＩＴベンダーはある意味「御用聞き」的な役割に自らを規定してしまっていた感があります。

既存システムの保守に偏るＩＴ投資

バブル崩壊以降の不良債権問題と長引くデフレ不況は金融機関の収益を圧迫し、積極的なＩＴ投資を行う余裕を奪ってきました。実際、銀行業界では１９６０年代からほぼ10年ごとに大規模な次世代ＩＴ投資が行われてきましたが（第一次オンラインは１９６０年代、第二次オンラインは1970年代、そして第三次オンラインは1980年代）、1990年代以降、業界全体での大規模な投資は行われていません。

また2000年代以降の度重なる金融危機の発生を受けて、世界的に金融ビジネスへの規制が強化されたことで、金融ＩＴシステムは新たな機能への投資よりも、規制への対応に追われることにもなりました。加えて金融機関同士の合併が繰り返されたことで、システム統合を優先的に行う必要に迫られたことも、新たなＩＴ投資を難しくしたといえるでしょう。

この結果、日本の金融機関のＩＴ投資額の約9割が制度変更対応や既存システムの更新に割かれているという状況を生み出しています。

ＩＴベンダー依存と人材問題

日本では企業のＩＴシステムはＩＴベンダーに構築・運用・維持を依頼する形態が一般的ですが、海外ではユーザー企業が自社内にＩＴエンジニアを抱えて自前で構築・運用を行っています。日本の100万人強のＩＴ技術者数のうち75％がベンダーに所属しており、ＩＴ技術者のベンダー依存度が際立って高くなっています（アメリカではＩＴ技術者の約

70％がユーザー企業に在籍しているという統計もあります）。そして、この構造はユーザー企業にＩＴを理解している職員がいないという人材問題を引き起こしています。

仮に新たなＩＴ投資を検討しようとしても、金融機関の内部にシステムがわかる人材が少ない、もしくはいないという状況が起きかねなくなっています。フィンテックへの対応を考える際には、必ずシステム面からの検討も求められます。人材不足は金融機関のフィンテック対応を遅らせる一因となっていると考えられます。

ＩＴベンダーに期待される役割

これからのＩＴベンダーは、自らを金融機関のオープンイノベーションのパートナーとして位置づけることが必要になるでしょう。当然、これには金融機関側の意識変革も必要です。

オープンイノベーションのパートナーとして期待されることは、高い技術力は当然として、イノベーションに対応できる「プロセス」と「価値基準」を持つことが求められます。金融機関といま以上に戦略を共有し、目指すべきビジネスの姿を提案しながらその実現にさまざまなリソースを提供することがＩＴベンダーに求められます。その意味ではＩＴベンダーは金融機関との間に「双面型組織」を作り上げることが1つのゴールとなります。そこには当然人材の供給と育成も含まれるでしょう。

さらに、ITベンダーは金融機関以上に外部とのオープンイノベーションを自ら進めていくことが求められるでしょう。その際、日本のITベンダーが負うべき重要な役割があります。それは、フィンテックスタートアップ企業のアクセラレータとしての役割です。金融の領域はさまざまな規制が存在するため、もともと新規参入が難しい領域です。フィンテックスタートアップにとって、自らのビジネスが規制を満たしているのかどうかを判断することは非常に難しい問題です。この分野で長らく金融規制への対応をシステム面から支えてきたITベンダーの知識・経験は、フィンテックスタートアップにとって貴重な示唆を与えてくれるはずです。

実際、フィンテック企業にとって規制への対応は重要な経営課題です。ある程度の規模になったフィンテックベンチャーでは、社員の2割程度が何らかの法令順守関連の業務に従事するともいわれています。ペイパルにも警察OBなどの規制のエキスパートが数多く採用されています。スクェアも創業当初から20人近いロビイストや弁護士による規制対策チームがいました。しかし、すべてのスタートアップがこのような対応をとれるはずもありません。

ITベンダーはこれまでの豊富な経験を活かし、自らがオープンイノベーションのハブとなることで、日本のフィンテックビジネスのメインプレーヤーの役割を果たすことが求められます。

3　金融をめぐる法規制とフィンテック

金融がさまざまな規制や法律に縛られた産業であるということは、これまでもくどいほど触れてきました。その規制や法律のグレーゾーンをうまく活用したフィンテックサービスも存在しています。しかし現在、法律や規制を考える当事者の間で「そもそも金融とは何か」「フィンテックとは何か」という原点に立ち返って、そこからあるべき法律や規制のあり方を考えるべきではないかという議論が起きつつあります。ここでは、それらの議論の概要を紹介しつつ、フィンテックの健全な発展を支える法律や規制の方向性を考えていきたいと思います。

金融に規制が多い理由

そもそも金融にはなぜ規制が多いのでしょうか。金融ビジネスを規制する主な理由としては、経済力集中の排除、信用秩序維持、経済発展政策といったさまざまな理由がありま す。その中で最も重要と考えられているのが「信用秩序維持」です。信用秩序とは、製品やサービスの売買に伴うお金のやり取りがきちんと行われ、そしてそのお金のやり取りを取り扱う金融システム全体が安定していることを皆が信用している状態です。

この信用秩序はその国の経済活動の重要なインフラです。振り込んだお金がきちんと期日どおりに届くことは活発な経済活動を支えるための重要な機能です。国はこの信用秩序を維持するために、さまざまな規制によって秩序を安定させようとします。その際にとられる方法が「許認可」です。国は経済活動のインフラにかかわる事業者を「許認可」という枠組みで規制し、秩序の安定を図っているのです。

これは運転免許を考えるとわかりやすいと思います。道路で車を運転するには交通法規の知識と正確な運転技術が必要です。歩行者の安全を第一に考えることが求められますし、他の車と事故を起こしてもいけません。信号無視などもってのほかです。実は日本では、道路交通法が適用される道路上では、自動車や原動機付自転車は免許のない者が「運転してはならない乗り物」となっています。つまり、一般の道路はもともと「車を運転してはいけない」場所なのです。そのような場所で車を運転するには、国から許可をもらう必要がある、ということになっています。運転免許を持っている人というのは、国から「特別に運転を認められた者」という扱いなのです。

金融も似たような側面を持っています。金融業を営んでいいのは、国から特別に許可された企業に限られています。これは金融の秩序を維持するためなのです。

そのため、金融機関が営むことができる業務の範囲は、原則として法令で列挙されたものに限定されています（「限定列挙」といいます）。特に銀行については、経済のインフラという性格が強いことから、業務範囲が非常に厳密に定められていました。

また、金融機関は利用者保護も求められます。車の運転でいえば「歩行者の安全」にあたるものです。金融サービスは本質的にリスクを伴うものです。そして取引の当事者間には「情報の非対称性」が存在します。「情報の非対称性」とは、一方が知っている情報を相手が知らないという状態を指します。一般の金融サービス利用者は、金融機関と比較して、金融に関する専門知識が浅いことが大半です。契約する際には金融機関の説明をもとに判断することになります。ここに「情報の非対称性」が存在します。そのため、利用者に不利にならないように金融機関側に適切な情報提供を行うことが求められます。

そしてもう1つ、金融には国際的な規制が存在します。これは「お金は容易に国境を越える」というお金の持つ性質と、国によって規制が異なることによる弊害をなくすための仕組みです。先日タックスヘイブンの機密文書である「パナマ文書」が話題になりました。いわゆる「タックスヘイブン」とは、金融を規制の差を積極的に活用して、金融産業を誘致することで自国の経済的メリットを得ようとする国家や地域を指します。このような国家による規制の抜け穴の悪用を防ぐ意味で、各国は金融規制を揃える必要に迫られます。金融規制の枠組みを揃えるために、国際的な規制監督を決める組織が参加国の規制を監視しています。

以上のように、金融の規制は「利用者保護」「信用秩序の維持」そして「国際的に一貫した規制」という3つの層で構成されていると考えられます。近年のフィンテックの出現によって、これらの規制を見直すべきではないかという議論が起きています。

フィンテックで求められる利用者保護の強化

利用者保護の観点から、いくつかのフィンテック関連の規制が行われています。1つは仮想通貨の取引に関しての資金決済法の改正による利用者保護の強化です。2014年に起きたビットコイン取引所マウントゴックスの破綻は、利用者が預けていたコインが大量に消失するなど利用者保護が十分になされていませんでした。そこで改正された資金決済法では、このような仮想通貨の取引所を登録制とし、また顧客資産と業者の資産を明確に区別して管理する仕組みなどの導入が盛り込まれました。

また、クラウドファンディングでも利用者である投資家保護の仕組みが盛り込まれています。クラウドファンディングは投資先のリスクが高いことが予想されるため、勧誘などに際しては電話などの勧誘を認めず、ネット上での告知だけで勧誘を行うよう規制されています。同様の規制は海外でも行われています。

銀行の業務範囲規制の緩和

海外の金融機関がフィンテックスタートアップに積極的に投資を行っている一方で、日本ではあまりそのような話は聞きませんでした。実は、日本の銀行法は銀行が一般の事業会社に出資する際に非常に厳しい規制を課しました。いわゆる「5％ルール」と呼ばれるもので、銀行が一般の事業会社に出資する際の上限を原則5％までとしていました。そのため、銀行は有望なベンチャー企業があったとしても出資や買収といったアクションをとれませんでした。

しかし、2016年5月にこの規制は緩和され、より柔軟なベンチャー企業との協業が可能となっています。

海外でのフィンテック推進の法規制議論

海外でもフィンテックに対する規制の議論は活発に行われています。その中でも特にイギリスはフィンテックを積極的に推進するような規制の見直しに早くから取り組んできました。イギリスの金融行政を司る金融行為規制機構（FCA）では、2014年10月から「プロジェクト・イノベイト」という取り組みを開始しており、フィンテックを通じて消費者の便益を高めるような金融サービスのイノベーションを活性化させるためのさまざまな政策をスタートさせています。

その中でも特徴的な施策として「レギュラトリー・サンドボックス（Regulatory Sandbox）」と呼ばれる取り組みがあります。これは、直訳すると「規制の砂場」という意味ですが、中身は「フィンテックの実験場」です。既存の規制の枠組みの中では実現できないようなフィンテックサービスを、ある一定の範囲に限定して規制を緩和したうえで実際に提供させ、その効果を検証するための安全な実験環境の場を用意するものです。同様の取り組みはシンガポールなどでも採用されており、日本を含めた各国の金融行政官庁でも導入の検討が進んでいます。

また、シンガポールでも金融管理局が2015年6月にフィンテック・イノベーション・グループという専門組織を立ち上げているほか、ルクセンブルグ、アイルランド、オーストラリア、韓国などでも同様のフィンテック推進政策が実施されています。

4　新たな法規制にかかわる5つの論点

フィンテックの進展に、まだまだ金融の法規制は追いついていないともいわれています。いままでの金融の規制はそれまでの歴史的な経緯もあって、既存の金融ビジネスの枠組みを前提として作られています。しかしITの発展によって、金融機関以外のフィンテック企業であっても、金融機関と同様のサービスを提供することが可能になっています。そのため、既存の法規制の枠組みを前提から見直すべきではないかという議論が起きています。

主な論点は以下の5つです。

「縦の業法」から「横断的な包括規制」への転換

今までの規制は「業法」と呼ばれるそれぞれの業界に対応した法律によって規制が行われてきました。銀行であれば銀行法、保険であれば保険業法、貸金業では貸金業法といったようにそれぞれの業態を規制する枠組みで規制が行われてきました。しかし、フィンテックによってこれらの業界をまたいだ形でのサービスや、当初想定していなかった形でのサービスが提供されるようになっています。

しかし、現在の業法は既存の金融ビジネスの枠組みを前提として作られているため、その枠組みに入りきらないサービスをうまく取り扱えないケースがでてきています。機能的にはほぼ同様のサービスを行っているにもかかわらず、規制が異なるといった事態が生じているのです。これでは規制の本来の趣旨が生かされなくなる可能性があります。

このような事態を解消するには、業法によって細分化されている規制の体系を、実質的なサービスの内容にもとづいて見直すことが求められます。機能的に類似したサービスには横断的な包括規制を当てはめることで、より健全な競争環境が実現されるでしょう。

「ルール・ベース」と「プリンシプル・ベース」の組み合わせ

ルール・ベースの規制とはある程度詳細なルールや規則を制定し、それらを個別事例に適用していく規制のやり方です。このルール・ベースの規制は、不特定多数の市場参加者に共通ルールを適用するような場合は有効ですが、新しい金融商品や新しい取引手法が次々と登場するような場合、まさにフィンテックが勃興しているいまのような状況には不向きです。事前にすべての金融商品や取引手法を想定した完璧なルールを決めることは不可能だからです。

一方で、プリンシプル・ベースの規制とは、規制対象の金融機関が尊重すべき重要ないくつかの原則や規範（これらがプリンシプルです）を示し、金融機関にはこのプリンシプルに則ったうえで自主的な取り組みを促し、環境の変化に柔軟に対処するためのやり方です。

イギリスはこのプリンシプル・ベースのやり方でフィンテックを活性化しようとしている国の1つです。イギリスが2000年に制定した金融サービス・市場法は、このプリンシプル・ベースの考え方が盛り込まれており、マーケットの変化に柔軟に対応できるようにデザインされているため、新たなフィンテックサービスへの柔軟な対応を可能にしています。このルール・ベースとプリンシプル・ベースを適正に組み合わせることで、より効果的かつ効率的な規制の仕組みが実現できるでしょう。

リスクベースの規制

リスクベースとは、取引のリスクの高低に応じて必要な手続きを定める考え方です。本人確認のところでも触れましたが、日本では犯罪収益移転防止法によって、口座開設時のほかに取引金額が10万円を超える取引の際などにも本人確認が求められます。しかし、海外では口座開設時などの重要な場面では厳格な本人確認が要求されますが、日常の低額の取引の際には、より簡易な方法での本人確認が認められています。ただし、取引が仮に少額でもマネーロンダリングなどのリスクがあると判断されれば、そのときはより厳重な本人確認に切り替えるのです。日本でもリスクに応じた手続きの導入が望まれます。

国際競争力を意識した規制のグローバル対応

金融サービスはグローバルに提供されるサービスが多く含まれます。この分野で国際競争力を確保することの重要性は高いでしょう。しかし、現状では日本の規制は諸外国と比較して自由度が低く、また複雑だという指摘がなされています。実際、海外のフィンテック企業が日本へ進出を試みたものの、規制の壁によって断念したというケースも存在します。逆に、日本の規制に最適化したフィンテックサービスを海外で展開することも難しくなります。グローバルな展開を見越した規制の設計が求められます。

フィンテック企業の法的位置づけの明確化

銀行などの金融機関の機能がアンバンドリング化され、さまざまなフィンテックプレーヤーが金融サービスを提供するようになっています。その中には、銀行などの金融機関と利用者の間に立って、両者を介在するサービスを提供する企業がいます。このような事業者を「中間的業者」と呼びます。典型的にはマネーフォワードなどのＰＦＭ事業者などが該当します。「中間的業者」は銀行免許を持たずに、銀行と提携することによって、顧客と直接利用契約を結んで金融サービスを提供します。このような「中間的業者」に関して現行法上は対応する規制がないことが指摘されています。ＥＵではＰＦＭサービスのように銀行などの金融機関の口座へアクセスするサービス事業者を登録制とし、一定のセキュリティ基準を課すなどの規制を策定しています。日本においても、フィンテックの健全な発展に向けた、フィンテック企業の法的な位置付けを明確化するような議論が必要となるでしょう。

フィンテックに関して、日本の金融機関は海外の金融機関と比べて規制の面で制約がありました。国際競争力の観点からも欧米の金融規制と整合性のとれた規制体系が求められます。また、フィンテックは非常に動きの激しい世界です。このような領域では規制のあり方によってビジネスの成否が大きく左右されることが考えられます。関連する規制の適用をより明確化し、また規制間の不整合を解消するといった法制度面での事業環境整備も急ぐ必要があります。

第Ⅵ章　さらに進化するフィンテック

ここまでの流れを簡単に振り返っておきましょう。まずはフィンテック1・0で既存の金融機能を高度化・効率化するITについて見てきました。そして、フィンテック2・0では、フィンテックスタートアップ企業の破壊的イノベーションが金融機能をアンバンドリングしようとする動きに注目しました。このような破壊的イノベーションに対して金融機関はオープンイノベーションを通じて自らのビジネスを進化させていくことが必要です。

この章では、アンバンドリングが進んだそれぞれの金融機能が、APIを通じて新たな金融サービスとして進化していく過程と、そしてその過程で重要な枠割を果たすであろう人工知能（AI）とブロックチェーンという技術について見ていきたいと思います。

そしてフィンテックによって再構築された金融サービスは、これまでの「金融」とは異なる影響を社会に与えるようになります。フィンテックは「金融機能」を金融業界の外へと解き放つイノベーションです。それまで「金融」が届かなかった領域に「金融」を届けること、それが「フィンテック」の本当の意味での機能だと思います。

1　APIエコノミーの登場

フィンテック2・0による金融機能のアンバンドリングは、金融機能を「部品化」する試みともいえます。この「部品化」された機能をつなぎ合わせるのがAPIです。APIによって金融サービスが標準化された「部品」として利用される段階がフィンテック3・0です。そしてAPIでつながった多様なサービスは、ゆるやかにつながった1つの大きなシステムとして機能するようになります。このようなつながりを「APIエコノミー」や「APIエコシステム」と呼びます。

金融業界でのAPI活用の動き

APIは外部のサービスの機能をあたかも部品として活用できるようにする仕組みです。このAPIを活用することで、さまざまなメリットをもたらします。

まずシステムの開発負担が軽くなります。一からサービスを作るよりも、外部の優れたサービスが利用できるならそのほうが効率的です。加えて、つなげる相手ごとにそれぞれの接続の仕組みを用意するのは非効率ですがＡＰＩなら再利用するだけでこと足ります。また、ＡＰＩでサービス同士が連携することで、それぞれのサービスの利用者が双方のサービスを行き来するようになります。サービスの機能が充実することで、顧客の利用時間が増える効果も期待できます。そして、公開されたＡＰＩを活用した新たなサービスが生み出されることも考えられます。ＡＰＩを公開することで多様なアイデアを生み出す土壌が作られるのです。さらに、ＡＰＩを利用することはセキュリティの向上にも寄与します。

金融業界のＡＰＩ活用は、まず外部のＡＰＩを活用することからスタートしたといえます。自社の支店の場所を表示するのにグーグルマップを利用したり、ソーシャルメディアが提供するＡＰＩを活用して、新たなコミュニケーションチャネルを作ったりするケースです。日本でもみずほ銀行がメッセンジャーサービスのＬＩＮＥが提供している法人向けのＡＰＩと連携して、ＬＩＮＥ上で口座の残高情報を確認できるサービスを提供しています。

金融機関側からのＡＰＩ提供は、まずはフィンテック企業から始まりました。ＰＦＭ、ロボアドバイザーやソーシャルレンディング、そして近年急速に注目を集めているブロックチェーンの分野などでＡＰＩを通じたサービスが多数提供されています。またいわゆるネオバンクの1つであるドイツのフィドールバンク（FidorBank）は、自社の銀行システムをオープンＡＰＩとして提供しています。ポーランドの mBank も自行のローンサービスなどのＡＰＩをオンラインショッピング企業に対して公開し、ＡＰＩを通じたショッピングローンなどの提供を始めています。

こういったスタートアップの動きに追随する形で、既存の金融機関でもＡＰＩ開放に向けた検討が進みつつあります。欧米ではＢＢＶＡやバンク・オブ・アメリカなどの銀行で、銀行サービスの一部のＡＰＩを実験的に公開し、さまざまなサービス開発を行うコミュニティの形成に乗り出しています。そのような活動の一環として、実験的なＡＰＩを活用したハッカソンイベントが開催されています。同様の取り組みはシティバンクや三菱東京ＵＦＪ銀行でも行われています。

さらに一歩踏み込んで、自社のＡＰＩを公開する金融機関も登場しています。フランスのクレディ・アグリコル銀行はアプリの開発者向けにＡＰＩを公開し、同行のサービスをより便利にするようなアプリ開発ができる環境を整えています。このＡＰＩを利用したアプリは同社のサイトなどからダウンロードして利用することができます。すでに支出を管理したり、不動産を探したりする、ｉＰｈｏｎｅやアンドロイド用のスマートフォンアプリが50種類ほど提供されています。また先ごろ、ＶＩＳＡは自社のカード事業のＡＰＩ公開を部分的に開始しました。このＡＰＩの中には、オンラインストアなどでの購入に際して、消費者がクレジットカード情報および送付先住所をいちいち入力しなくて済むような機能を提供するものも含まれています。

政府によるオープンＡＰＩ推進の機運

ＡＰＩについては政策レベルでの議論も活発化しています。イギリスでは金融行為規制機構（ＦＣＡ）が主導して、「オープンＡＰＩ（OpenAPI）」イニシアティブが提唱されました。イギリスは長い間大手銀行による寡占構造が続いてきました。ＦＣＡは、固定的な銀行市場に競争を導入することで市場を活性化させようとする戦略のもと、新規参入を促進するためのＡＰＩ開放の議論が進んでいます。

具体的には、銀行による決済システムなどをノンバンク企業に開放し、これらの新たな企業による利便性の高いサービスが生まれる環境を構築しようとしています。その一環としてイギリスでは「オープン・バンキング・スタンダード」というレポートの中で、銀行のＡＰＩ公開のガイドラインを示しています。

イギリスの動きと呼応する形で、ＥＵでも金融機関の口座へのアクセスを開放する方針が打ち出されています。ＥＵ議会は、第二次決済サービス指令（Payment Service Direction 2、ＰＳＤ２）にもとづいて、ＥＵ域内の金融機関に対しＡＰＩの公開を事実上義務付ける議決を採択しました。これにより、早ければ２０１８年より登録された中間的業者は、銀行の決済システムと口座情報への平等なアクセスが認められることになっています。

また、日本でも２０１５年末に公表された金融庁の金融審議会「決済業務等の高度化に関するＷＧ」の報告書において、「オープンＡＰＩのあり方を検討するための作業部会等」を設置することが発表されています。この作業部会は２０１６年度中を目途に、ＡＰＩ公開の方針に関する報告をとりまとめる予定です。

ＡＰＩ導入がもたらす新たな競争

このように、ＡＰＩの導入・開放のトレンドは今後ますます加速していくと予想されます。しかしＡＰＩの開放はユーザーに多様なサービスを素早く提供するメリットをもたらす一方で、事業者には新たな競争を強いることにもなります。ＡＰＩを開放することは自社サービスへのアクセス拡大につながる可能性がある一方で、他社が自社のサービスを活用して新たな付加価値を提供することも可能にします。

またどのような機能のＡＰＩを公開すべきかの検討も必要です。金融機関の提供が想定されるＡＰＩには大きく分けて「参照系」と「実行系」に分けられます。「参照系」には「契約者情報」「口座情報」「取引履歴情報」「保有商品情報」などの顧客の情報にかかわるものと、「支店情報」「金利・手数料情報」「商品情報」などの金融機関にかかわる情報があります。また「実行系」には「入出金指示」「振込・送金指示」「商品の買い付け・売却指示」「口座開設依頼」などが含まれます。

このうち「情報系」でも「契約者情報」などは非常に機密性の高い情報が含まれますし、「実行系」のＡＰＩを悪用されるとその被害は深刻なものになるでしょう。このように一口にＡＰＩといっても、そのＡＰＩの種類によってリスクは大きく異なります。実際、イギリスの「オープン・バンキング・スタンダード」でも、まずは支店の位置や電話番号、金利情報といった金融機関にかかわる公表情報を「参照系」ＡＰＩで開放することを推奨しています。

ＡＰＩの導入にあたっては、自社サービスの収益基盤の維持、ＡＰＩの提供範囲、採用すべきビジネスモデルなどを周到に検討する必要があります。ＡＰＩへの対応の巧拙が金融機関の競争力を左右するようになる日も遠いことではありません。

そしてAPIエコノミーへ

多様なＡＰＩが提供され、そのＡＰＩで作られたアプリが多くの人から利用されるようになると、アプリの開発者とＡＰＩの提供企業の間で好循環が生まれます。そして多様なアプリと多くの利用者が生み出す膨大なデータは、さらなるＡＰＩとアプリを生み出す原動力になります。このような状態を「ＡＰＩエコノミー」と呼びます。フィンテックは新たなＡＰＩエコノミーを生み出すことでさらなる発展・進化を遂げるようになるでしょう。

2　人工知能（ＡＩ）が変える金融

これまでにも本書の中で、人工知能（ＡＩ）を活用したフィンテックサービスについて触れてきました。現在、人工知能はあらゆる産業分野で最も注目を集めている技術の１つです。ここでは人工知能が近年急速に注目を集めるようになった経緯と、人工知能が金融に活用されることで金融がどのように進化するのかを見ていきたいと思います。

ディープラーニング（深層学習）の登場と第三次人工知能ブームの到来

実は、人工知能の研究は過去に二度のブームを経験しています。最初のブームは1950年代に始まる人工知能による推論・探索の研究でした。しかし、当時のコンピューターパワーでは現実の問題を解決できるような能力には達せず、ゲームなどの限られた領域での応用にとどまり、いったんブームは冷めていきました。

ついで1980年代には人間の脳の構造を模したニューラルネットワークによる人工知能研究が盛んになります。代表的な成果が「膨大な情報を蓄積・分析することで対話型の情報処理を可能とする」エキスパートシステムと呼ばれる人工知能です。このエキスパートシステムは人間が実際に行っている判断を「もし～なら、こうする」という式に置き換え、それを大量につなぎ合わせることで結論を導き出す仕組みでした。医療分野では患者の問診結果や検査データなどを入力すれば病気を特定する診断システムなどでの応用が研究されました。

しかし、このエキスパートシステムも壁にぶつかります。それはいくら「もし～なら」

という条件を集めても、必ずその条件から外れるケースが出てきてしまうことでした（「フレーム問題」と呼ばれます）。さらに大量の知識を人工知能に教えるための人間側の負担も膨大となり、エキスパートシステムも次第に下火になっていきます。

その後、ネットなどを通じて大量の学習データが利用可能となったことで、「機械学習」と呼ばれる人工知能研究がさかんになりました。それまでの「もし〜なら」という人間の知識に頼るのではなく、大量のデータを集めて統計的に分析することで、データ間のパターンを見つけ出し、そのパターンに基づいてデータの判定や、将来の予測を行おうとする研究です。この機械学習はそれまでの人工知能よりも格段に高い能力を発揮しました。しかし機械学習の精度は人間と比較してそれほど高いとはいえず、人工知能の研究は停滞していました。

この状況にブレークスルーをもたらしたのが、ディープラーニング（深層学習）という技術革新です。このディープラーニングによって現在は第三次人工知能ブームとも呼べる状況となっています。

ディープラーニングとそれまでの人工知能との最大の違いは、人工知能が知識を習得する際に「人間が手伝わない」一点です。ディープラーニング以前のエキスパートシステムなどの人工知能研究では、人工知能の知識のもととなるデータを用意する段階、人工知能がデータを分析するロジックを考える段階、そして分析した結果を人工知能の知識として使えるようにする段階などで必ず人間が手を貸す必要がありました。

画像認識を例にとれば、まずさまざまなモノの画像データを人間が用意する必要がありました。そして人工知能がデータを分析するためのモデルを用意し、さらにその分析から得られた人工知能の「知識」を確認し、その「知識」が正しいか間違っているかを人工知能に教えてあげなければいけません。人工知能が「これはネコです」と判定したものに、「いや、それはイヌだよ」と教えてあげていたのです。

この人工知能が抽出したデータ間の相関関係を「特徴量」と呼びます。例えば人の顔の画像認識の場合は「人間の顔の構造データ」、言語解析なら「ある単語に続く別の単語の出現頻度」などが「特徴量」となります。ディープラーニングが画期的な点は、人間の力を借りずに人工知能自らがデータから「特徴量」を抽出し、その「特徴量」にもとづいてさらに分析を繰り返し行うことができるようになったことです。そして、この繰り返し行う分析が「層」のように積み重なることから、「深層（ディープ）」と呼ぶようになりました。

このディープラーニングは驚くべき性能を発揮します。ディープラーニングを一躍有名にしたのは2012年に行われた人工知能の画像認識の大会でした。この大会で、カナダのトロント大学が作ったディープラーニングの「スーパービジョン」は、それまでの人工知能の画像認識の能力では想像がつかないほどの高い成績を叩き出します。それまでの人工知能の画像認識のエラー率はだいたい26％程度でした。そして大会の勝負は小数点以下の戦いが続いていました。しかしスーパービジョンはエラー率を一気に15％台に引き下げるという快挙を成し遂げました。ここから一気にディープラーニングに注目が集まります。

現在、ディープラーニングはさまざまな領域で研究と活用が進んでおり、その性能もさらに向上しています。例えばフェイスブックが開発した人の顔を認識する画像認識のディープラーニングである「ディープフェイス」は、なんと97・25％の識別精度を実現しています。これは人間の識別精度（97・53％）とほぼ互角です。

しかもディープラーニングの優れている点はその汎用性です。それまでの人工知能はそれぞれ分析する対象ごとに異なるモデルを作る必要がありました。しかしディープラーニングは自らデータの「特徴量」を抽出することができるため、同じモデルをさまざまな領域に適用できます。ディープラーニングの研究と応用は現在最もホットな領域です。

金融領域での人工知能の活用

もともと金融の世界は大量のデータがすでに蓄積されている分野です。そして人工知能の登場以前からそれらのデータの高度な分析を行う専門家が多数存在していました。そのため、ディープラーニング以前の人工知能に対しては、ある種冷ややかな見方が強かったようです。しかしディープラーニングの登場以降、金融業界でも人工知能の活用が真剣に検討されています。

金融領域での人工知能の活用は大きく以下の5つの分野に分類できます。そして、これらの分野で活用されている人工知能にはディープラーニング以外にも機械学習も活用されています。

①テキストマイニングや音声認識とその意味分析：人工知能によってテキストや人間の会話などを分析し、その意味を読み取って、適切な対応をする分野です。例えば、現在日本の金融機関のコールセンターに導入が進められているIBMのワトソン（Watson）などが代表例です。また、企業の開示情報やニュース、そしてツイッターなどのSNSに流れるコンテンツなどのテキスト情報を自動解析し、レポートやニュー

スなどの整形されたコンテンツを自動作成するような活用も進められています。

②パターン認識による異常検知：人工知能によって過去の膨大なデータからある一定のパターンを抽出し、そのパターンから外れた行動を検知する活用です。例えば口座への入出金のデータのパターンを自動的に分析し、マネーロンダリングや、不正な取引などを検知し、アラートを出すといった領域での活用が進められています。

③データマイニングによるマーケット分析：現実のマーケットにおける過去からのデータを人工知能によって分析し、マーケットの動きや価格形成をモデル化して予測に活かそうとする活用です。さまざまな市場の参加者の行動をシミュレートしたり、規制や制度の導入による影響を予測したりする分野での研究が進められています。

④投資戦略の構築：マーケット分析の延長として、最適な投資戦略の構築を目指す活用も進められています。アメリカのルネッサンステクノロジーは、人工知能を使って投資戦略を作り、実際に投資を行っています。また多くのロボアドバイザー企業が人工知能を活用して投資家の投資スタイルに応じた推奨ポートフォリオを提供しています。

⑤制度やルールの分析・サポート：複雑かつ多岐にわたる金融の制度や規制、多様な金融商品をすべて人間が覚えるのは至難の業です。このような膨大な制度やルールを人

工知能に分析させて、人間が何かわからないことがあれば人工知能に質問すれば答えを返してくれるような活用も進められています。

これ以外にもさまざまな領域で人工知能の活用が進んでいます。

金融機関は人工知能にどう取り組むべきか

ディープラーニングの登場によって人工知能を活用するハードルは大きく低下しました。それまでは人工知能を活用するには高度な知識を持った専門家が必要でした。しかし汎用的なディープラーニングが実用化されたことで、専門家でなくとも人工知能を活用することが可能になっています。

現在、さまざまな人工知能のシステムが自由に使えるようになっています。複数の大学が人工知能の分析エンジンを公開していますし、グーグル、マイクロソフト、アマゾンなどはクラウド上で利用できる人工知能システムを提供しています。データさえあれば人工知能を利用することができる状況が訪れているのです。

人工知能の競争力は、もととなるデータの質に左右されます。自分たちの持っているデータの価値を見極めるためには何はともあれ人工知能を実際に活用する必要があります。そしてその経験を踏まえてより良質なデータを蓄積するサイクルを確立することが重要でしょう。さらにＡＰＩであらゆるサービスがつながることによって、金融機関が扱うデータ量はいままでと比べ物にならないほど大量かつ多様なものになります。このビッグデータを人の力で扱うことはもはや不可能といってもいいでしょう。人工知能によるデータ分析の能力を獲得しておくことはＡＰＩの活用の成否も左右します。

人工知能はあらゆる産業にインパクトを与えるでしょう。農業、製造業、物流、医療、教育などの領域で人工知能はすでに大きな成果を上げつつあります。さらに、人工知能はそれまでの金融の常識を覆す可能性も秘めています。衛星画像をディープラーニングで分析するオービタル・インサイト（Orbital Insight）は、ショッピングセンターの駐車場の混雑度合いからその店の売上を予測したり、農地の画像データから作物の収量の予測を行ったりしています。このようなデータは企業の業績予測や先物市場のあり方を根底から変えてしまうかもしれません。人工知能もまた「破壊的イノベーション」なのです。

3　ブロックチェーンというイノベーション

ビットコインとブロックチェーンの登場

「1975年のパーソナル・コンピューター、1993年のインターネット、そして2014年のビットコイン」——これは著名なベンチャー・キャピタリストである、マーク・アンドリーセンがビットコインのインパクトについて述べた言葉です。

ビットコインとはインターネット上の仮想通貨、もしくは暗号化されたデジタル通貨です。ビットコインは2008年にナカモト・サトシの名前で発表された論文に基づいて作られた中央機関や管理する第三者が存在しない分散的ピア・ツー・ピア決済ネットワークです。ビットコインについて説明を始めると、それだけで1冊の本になってしまいますので、詳細は別の本を読んでいただくことにして、ここではビットコインの特徴について簡単に説明するにとどめます。

ビットコインは以下のような特徴を初めて実現した仮想通貨です。

- 第三者機関を必要としない直接取引の実現
- 非可逆的な取引の実現
- 少額取引における信用コストの削減
- 手数料の低コスト化
- 二重支払の防止

ビットコインは2016年6月時点で日本円にして1兆円を越える時価総額になっています。このビットコインを支えている技術がブロックチェーンです。ビットコインの要素技術であるブロックチェーンは、欧米を中心とした多くの金融機関から新たな取引インフラとして注目されています。また、金融分野にとどまらず、広範な取引・契約管理インフラへの応用を目指した開発が世界中で行われています。

マサチューセッツ工科大学のメディア・ラボ所長の伊藤穰一教授は、ビットコインとブロックチェーンをインターネットになぞらえ、その潜在的なインパクトの大きさに注目しています。

ビットコインのブロックチェーンの仕組み

ブロックチェーンはビットコインなどの分散型暗号通貨を支えるコアの技術です。その名のとおり「取引の記録」をまとめた「ブロック」を「チェーン（鎖）」のように順次追加していくことがその名前の由来です。このブロックチェーンは「取引のすべてを記録した公開取引簿の作成・維持」を、低コストかつ金融機関や取引所といった中央集権的な機関を用いずにネットワーク上で実現するための極めて巧妙なアイデアです。

ブロックチェーンは、その構造上、従来の集中管理型のシステムに比べ、

①「改竄が極めて困難」であり、
②「実質ゼロ・ダウンタイム」なシステムを
③「安価」に構築可能

という特性を持つともいわれています。

ここで簡単に、ビットコインで用いられているブロックチェーンの仕組みを説明します。

ブロックチェーンを構成するそれぞれの「ブロック」は、「そのブロックと1つ前のブロ

図Ⅵ-1　ブロックチェーンの仕組み

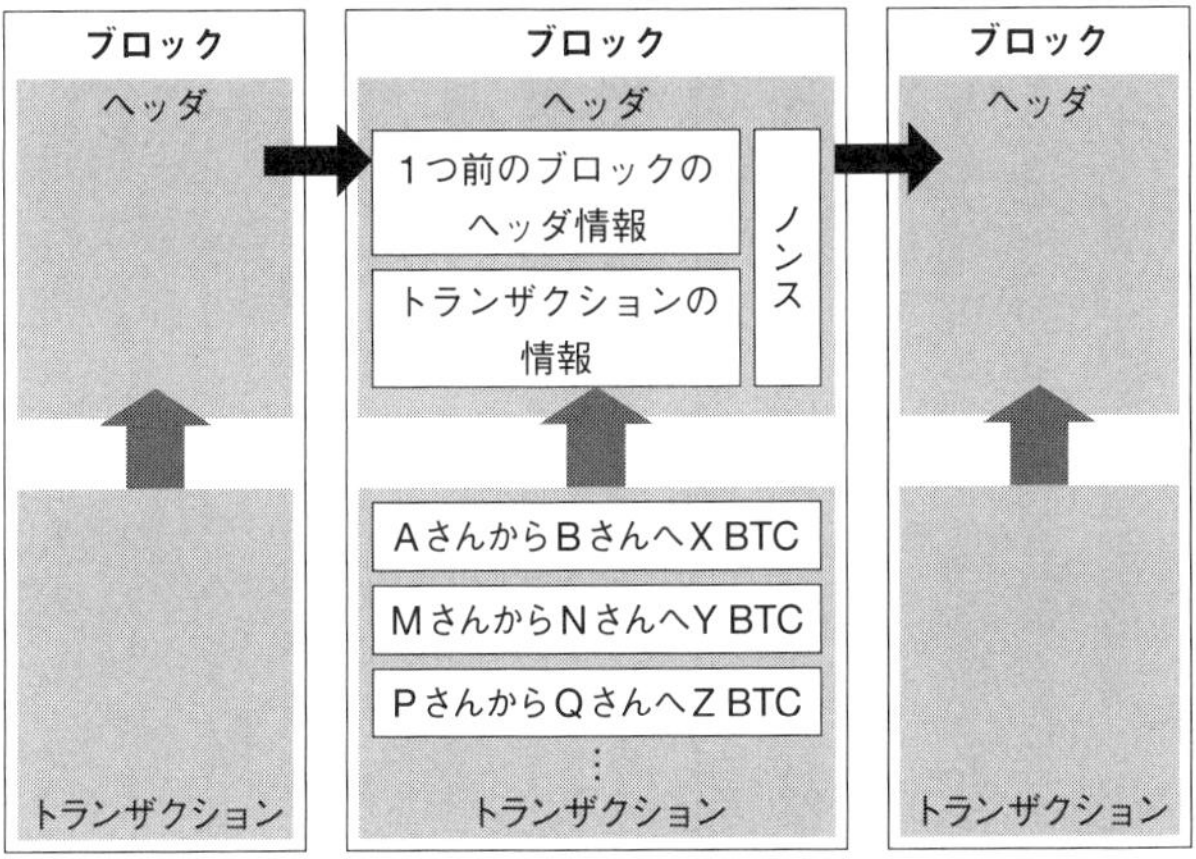

（出所）筆者作成

ックに関する情報」を含む【ヘッダ】と、「ある時間内に行われたすべての取引のリスト」を記録した【トランザクション】という2つのパーツで構成されています。

各ブロックの【トランザクション】には、ある時間内に行われたすべての取引が記録されます（平均でおおよそ10分ごとに1000件程度の取引記録）。このリストに記録される取引記録は、「Aさんの口座からBさんの口座へXビットコインが支払われた」という個々の取引の情報です。

そして【ヘッダ】には、3つの情報が記録されています。最初に直前のブロックの【ヘッダ】を圧縮した情報、ついで今回の取引リストを圧縮した【トランザクション】情報、そして最後に「ノンス」と呼ばれる「次のブロックを作るため」の情報、の3つです。

新たに生じる取引を記録するためには新たなブロックを作る必要があります。ビットコインでは新たなブロックを作るためには、ある特定の条件を満たす数値（この数値が「ノンス」です）を見つけるための作業が必要とされます。そして、この「ノンス」を見つけるためには膨大な計算が要求されます。この「ノンス」を探し出す行為が金鉱を見つけ出す採掘作業に似ているため、「マイニング（採掘）」とも呼ばれます。この「ノンス」を見つけて新たなブロックを作ってくれた人には、新しく発行されたビットコインが付与されることになっています。この計算パワーを投じたことを、不正が行われていないことの証明に利用する仕組みを「プルーフ・オブ・ワーク（Proof of Work：ＰＯＷ）」と呼びます。

ブロックチェーンには過去からのすべての取引記録が記録されています。そして各ブロックはヘッダに記録されている情報によってずっとつながっています。仮にビットコインを奪おうとして、取引記録を不正に書き換えたとしましょう。そのためにはある取引記録を書き換えるだけでは済みません。なぜならブロックチェーンは過去のブロックの情報が記録されているので、あるブロックの情報を書き換えると以前のブロックの記録と矛盾が生じてしまいます。そのため1つの取引記録を書き換えるためには過去のすべてのブロックを書き換える必要が生じます。しかし、そのような書き換えを行うには、膨大な規模の計算パワーが必要となります。そしてそのような計算パワーを手に入れることは事実上不可能でしょう。しかもそのような膨大な計算パワーがあれば、それをマイニングに活用すれば、多くのビットコインを合法的に入手することが可能です。ビットコインを攻撃して不正な利益を狙うよりも、ビットコインに協力するほうが合理的な行動となるような仕組みが、ブロックチェーンには組み込まれているのです。

金融機関が注目するブロックチェーン

調査会社グリニッジアソシエイツが2015年7月に金融機関のエキスパート102名に行ったアンケート調査結果によると、回答者の約半数が「ビットコインやブロックチェーン技術に関するリサーチや事業への検討を行っている」と回答しています。いま同じ質問をすれば、この比率はもっと高くなっているでしょう。

さらにもう一歩踏み込んで、ブロックチェーンの活用が金融業務に劇的な効率化をもた

図Ⅵ－２　ブロックチェーンの適用が研究されている分野

金融分野	非金融分野
• 決済 • 送金、為替取引 • 電子マネー、ポイント、マイレージ • 地域通貨、地域振興券 • クラウドファンディング • ソーシャルレンディング • クレジットカードシステム • 銀行勘定系システム • 銀行内資金決済システム • 銀行間資金決済システム • 中央銀行システム • 証券取引システム • 証券決済システム • 債権管理システム • 電子記録債権 • 保険契約管理 • 遺言信託 • 信託管理システムなど	• 電子チケット • 著作権管理 （音楽、映像コンテンツなど） • 登記システム （不動産、債券、動産など） • 電子鍵システム （住宅、ホテル、車など） • レンタカー管理システム • 公的証明書発行 • サプライチェーン管理 • 電子カルテ • 裁判記録、犯罪記録 • SNS、メッセンジャーサービス • 投票システム • マーケットプレイス • ストレージサービス • IoT • 発電システムなど

（出所）各種報道などをもとに筆者作成

らすとする予測もあります。サンタンデール・イノベンチャーズは、ブロックチェーンのアイデアにもとづく分散型元帳管理を銀行業務に適用した場合、２０２２年までに銀行業務のコストを年間１５０億ドルから２００億ドル削減できる可能性があるとのレポートを発表しています。

実際、金融業界にとどまらずあらゆる領域でブロックチェーンの研究が行われているといっても過言ではないような状況です。現在研究が進められているブロックチェーンの適用分野を列挙したものが図Ⅵ-2です。

金融機関がブロックチェーンに期待する理由として以下の3点が挙げられます。

①ダウンタイムがないシステムが安価に構築できる可能性がある：金融機関のシステムは止まることが許されないシステムです。そのため金融機関のシステムは二重三重の安全策が講じられています。そしてそのために膨大なコストが費されています。しかしブロックチェーンを活用すれば非常に安いコストで止まらないシステムが構築できる可能性があります。

②事務手続き、取引のチェックや監査の削減：金融取引には改竄や不正が行われていないことを示すための厳密で複雑な事務手順が定められています。また取引が行われた後でもその内容をチェックし、適切な事務手続きが行われたかを監査する必要があります。しかし改竄が不可能で、しかも誰でも取引内容をチェックできるブロックチェーンを利用すれば、これらの作業がいらなくなる可能性があります。

③高いセキュリティ：金融システムはさまざまな外部のシステムと相互に接続していま

す。そのため外部からの侵入を防ぐために高いセキュリティが求められます。しかし、そもそも改竄が不可能なブロックチェーンを利用すれば、外部からの侵入リスクを考えずに済むかもしれません。

既存の金融システムは非常に複雑で、コストがかかる仕組みです。しかも国際的な金融取引や複雑な金融商品は増える一方ですし、さらには厳格化される規制の対応も重なって、システムの複雑さとコストは増加する一方です。しかし、長年にわたって機能を追加・拡張した複雑なシステムを一気に別のシステムに移し替えることは現実的ではありません。そのような中で、ブロックチェーンの可能性に金融業界が大きな期待を抱くのも無理はありません。

しかし、ブロックチェーン技術には未知数な点も多く、本当に金融システムに適用できるかは、今後の検証を待たなくてはなりません。

拡張されるブロックチェーン

ビットコインの中核技術として生まれたブロックチェーンですが、現在もともとのブロックチェーンに手を加えて、さらに機能を拡張しようとする活動も行われています。ブロックチェーンの拡張の方向性は大きく次の3つの軸に分類されます（ここでは経済産業省が2015年に行った「ブロックチェーン技術を利用したサービスに関する国内外動向調査」報告書を参照しています）。

1つ目は「ブロックチェーン上での記録・交換対象の拡張・汎用化」です。もともとビットコインで利用されていたブロックチェーンは、ビットコインの送付元と送付先と金額などの数字の情報だけを記録しています。しかし、ブロックチェーンが記録できるものは数字に限られるわけではありません。例えば取引の記録やモノの所有権やサービスの権利などを文章で記録することも可能です。現在このような記録対象の拡張が研究されています。特に、ブロックチェーンをより広範囲の取引・契約管理インフラとして活用する試みが現在活発に行われています。これは「スマートコントラクト」とも呼ばれます。スマートコントラクトのプラットフォームでは「イーサリアム（Ethereum）」が有名です。

2つ目は、「コンセンサスアルゴリズムの改変・高性能化」です。ビットコインのブロックチェーンでは、次のブロックが作られて新しい取引が記録されるまでに平均10分かかります。また1つのブロック当たりに記録できる容量も決まっています。これではより高速な処理や大量の取引を記録する必要がある用途では利用が難しくなります。そこで、新たなブロックを作るルールを変えて、より高速で容量も大きくできるような拡張が検討されています。このような取り組みの代表的なものが「ＮＥＭ（New Economy Movement）」です。ＮＥＭではブロックチェーンの「ＰｏＷ」とは異なる方法（「プルーフ・オブ・インポータンス（ＰｏＩ）」という方式です）でより効率的なブロックチェーンプラットフォームを構築しようとしています。

３つ目は「ネットワークへの参加を制限し、参加者の信頼度を向上」することです。ビットコインは不特定多数が参加しているネットワークです。このような不特定多数の参加が前提となっていることを「パブリック型」と呼びます。

パブリック型のネットワークには、不正な攻撃を行う人が紛れ込む可能性があります。そのため、改竄が行われないようにマイニングに高いハードルを設定する必要があります。そして高いハードルは多くの計算パワーを必要とします。しかし、もし信頼できる相手だけにネットワークの参加を認めるようにすれば、不正の可能性は大きく低下します。そうすればより少ない計算パワーでも安全なブロックチェーンを作ることが可能になります。

このように参加者を限定する方式を「プライベート型」と呼びます。現在、プライベート型のブロックチェーンは非常に注目を集めています。例えば金融機関同士の取引であれば参加者を限定できるため、プライベート型のブロックチェーンは向いていると考えられます。実際、金融機関のブロックチェーンの実験などにはプライベート型のブロックチェーン技術が多く用いられています。

ブロックチェーンは現在最も活発に研究が行われている領域であり、またベンチャーキャピタルなどから多額の投資も行われています。さらに金融領域以外での活用の可能性にも注目されています。ブロックチェーンは金融にとどまらず、あらゆる取引を革新する技術となる可能性があります。ブロックチェーンは、フィンテック3・0を支える新たな社会的プラットフォームに成長するかもしれません。

4　フィンテックがもたらす「金融包摂」

インドでは銀行口座を持っていない人が人口の47％を占めており、また中小零細企業の90％は金融機関との取引がありません、そのため、インド政府は金融取引を普及させることを重要な政策課題としています。インドでは携帯電話などの人口普及率が80％近くあることから、携帯電話ネットワークを活用した金融包摂を進めようとしています。識字率が低いインドでは書面を必要としない形での仕組みづくりが求められます。そのため生体認証や携帯電話などを活用した本人確認のインフラを構築しようとしています。インドネシア、フィリピン、ベトナムにおいても金融機関に口座を保有している国民の比率がそれぞれ36%、31%、31%にとどまっており、ASEANでは、金融包摂に関するワーキング・グループも設置されています。

一方で、アメリカでは「アンバンクト/アンダーバンクト(Unbanked/Underbanked)」と呼ばれる銀行サービスを利用できない人々が1億人程度存在します。また、アメリカ国民のうち、約9000万人は貯蓄額が500ドルを下回るという統計もあります。このような人たちへ金融サービスを届けるフィンテック企業も登場しています。アメリカのペイアクティブ(PayActiv)は、雇用元の企業と提携してスマートフォン上に給与口座を開設するサービスを提供しています。この給与口座には従業員の給与がその働いた日数分だけ振り込まれます。またこの口座はペイアクティブと提携するATMから現金が引き出せるほか、公共料金の支払いや自動積立預金を行うことができます。

フィンテックによって、金融サービスをいままでとは比べ物にならないほどの低コストで提供することが可能となりつつあります。スマートフォンなどを利用した電子的な口座と電子マネーの組み合わせによって、より高頻度の金融取引が可能になります。このような仕組みを活用すれば、例えば生活保護や子ども手当、年金などの振込をより細分化して行えるようになるでしょう。貯金を持たず経済的に余裕がない世帯にとって、数カ月に一度の振込よりも、例えば毎週に分けてお金を手にするほうが生活を安定させる効果があります。また現金ではなく電子マネーでの給付を行うことで詐欺や貧困ビジネスに対するより効果的な対応も可能となります。

「世界をよりよくすること」もフィンテックの重要な機能なのです。

5　そして新たなビジネスモデル、新たなエコノミーへ

ＡＰＩにより標準化・部品化された金融サービスは、人工知能による高度なデータ活用とブロックチェーンによる効率的なプラットフォームを得て、フィンテック３・０としてさらなる進化を遂げるでしょう。そしてこの進化は金融サービスを金融以外の領域に解き放つことになります。それがフィンテック４・０です。

フィンテック4・0では、金融以外のプレーヤーが自らのビジネスに金融機能を組み込み、それまでとは異なった、まったく新たな金融サービスを作り出していきます。アンバンドルされた金融サービスをもう一度再統合するこのプロセスを「リバンドリング」と呼びます。ここでは、リバンドリングされた新たなビジネスモデルの将来像を予想します。そしてリバンドリングされた新しい金融は社会のあり方にも影響を与えるでしょう。フィンテック4・0のその先の社会はどのような姿になるのかも想像してみたいと思います。

フィンテック4・0が創り出す新たな顧客関係

流通業や製造業、サービス業は長年顧客との長期的関係（カスタマーリレーションシップ）の構築に注力してきました。フィンテックを活用することで新たな長期的関係の構築・維持が可能になります。

一度購入すれば長期間利用する耐久消費財を提供する企業、例えば住宅メーカーを考えてみましょう。住宅メーカーは完成した住宅を引き渡した後、修繕やリフォームといった、数年もしくは数十年に一度の頻度でしか顧客と接触できないかもしれません。家電メーカーなども似たような状況でしょう。しかし一方で、顧客は住宅を買うときにローンを組むケースが大半です。そしてローンの返済は、毎月の顧客接点を生み出してくれます。

今度は自動車会社を考えてみましょう。自動車会社に限れば顧客との接点は数年に一度の車検や買い替えのタイミングに限られるでしょう。しかし、自動車会社は傘下に自動車ローンやクレジットカードを提供するファイナンス会社を持っています。ローンの返済は毎月訪れます。クレジットカードでガソリンを給油すれば、そこでも接点が生まれます。ETCは高速道路の利用状況を知らせてくれます。

ここに挙げた顧客接点は、どれも金融サービスと密接に紐付いています。このようなサービスをすべて連動させることで新たな顧客との関係を構築することが可能になります。例えばローンの返済にポイントを付与し、そのポイントでガソリンの割引が受けられたり、駐車場料金がポイントで支払えたり、といったサービスが登場することが考えられます。実際、イオン銀行で住宅ローンを借りていれば、系列のスーパーで買物をした際にポイントが増えるサービスが提供されています。実際の運転データにもとづいて保険料に反映する自動車保険もすでにあります。通信機能を持ったカーナビなどを通じて月々の運転状況を分析し、その運転状況に応じてポイントを付与するといったサービスが登場するのも時間の問題でしょう。これらのポイントはブロックチェーン上で管理され、他のポイントとの交換なども自由に行えるようになるでしょう。

ＩｏＴとの結合が生む「マイクロフィンテック」

スマート家電や再生エネルギー、そして家中にセンサーを備えた「スマート」な住宅が今後増えていきます。そのようなＩｏＴを備えた「スマート」な住宅は、住宅メーカーによって24時間のリアルタイムの監視が行われるようになるでしょう（実際に監視するのは人工知能の仕事でしょうが）。言い換えれば、現在のエレベーターの遠隔監視システムと似た仕組みが住宅にも導入されるようになるのです。

「スマート」住宅は、住民の省エネへの取り組みを評価し、再生エネルギーの効率を通知してくれますし、家中のセンサーは空調の故障を検知したり、防犯サービスも提供したりするようになります。工場の生産設備に多数のセンサーを付け、そのデータをリアルタイムで監視することで故障が起きる予兆を検知し、故障する前に部品交換やメンテナンスを行う技術はすでに実用化されています。このような技術が、私たちの身の回りのあらゆるものに適用されるかもしれません。

このような「スマート」な住宅は、火事などの災害とは無縁のものになります。また自動運転が普及すれば、自動車も同様に「事故」を起こさない乗り物になります（放火や向こうからぶつかってくるような事故を完全になくすことは不可能でしょうが）。そのとき、保険はどのように変わるでしょうか。例えば自宅のセンサーが、家に誰もいないときは自動的に盗難保険に入ってくれたり、料理をしている最中は火災保険に入ってくれたりするかもしれません。自動車が自宅の駐車場に止まっている間は車両保険のみ、運転している時には事故補償が設定され、高速道路に乗れば少額の掛け捨て保険が引き落とされるような自動車保険が可能になるかもしれません。

そんな都合のいい保険があるでしょうか。アメリカにトロフ（Trov）というマイクロ保険を販売しているフィンテック企業があります。この会社はスマートフォンやデジカメなどのデジタル機器を対象にした少額の保険を販売しています。このマイクロ保険のすごいところは、スマートフォンからいつでもオン・オフができる点です。例えばデジカメに保険をかけたいとしましょう。通常この手の保険は年単位の契約が基本ですが、トロフの保険なら旅行に出かけるときには保険を「オン」にして、自宅に着いたら「オフ」にするような使い方が可能です。トロフは盗難や破損のリスクが高いときだけ利用できるオンデマンド保険なのです。

デジタル化の影響でも触れましたが、フィンテックはあらゆる金融サービスを少額化・短期化・細分化する力を持っています。この力とＩｏＴが結びついたとき、さまざまなマイクロフィンテックサービスが誕生するでしょう。

自分の行動が資産になる「ライフログエコノミー」

このような未来では、「信用」というのはより具体的な行動にもとづく、算出可能なものになっているかもしれません。家での過ごし方、食生活、車の運転、読んだ本、交友関係といったすべての行動を記録することはすでに可能です。これらの活動の質を評価して「信用」を数字で弾き出してくれるサービスが始まるかもしれません。

実際、クレディテックはＳＮＳでつながっている知人・友人を「与信」の判断材料として利用しています。さらに低所得者向けの少額ローンを提供しているアメリカのゼストファイナンス（ZestFinance）は、貸出金利を設定に7万もの変数を分析して借り手の貸倒れリスクを計算するアルゴリズムを利用しています。実は食事内容ももうすでに利用されているかもしれません。

これは、自分のあらゆる行動、言い換えれば「ライフログ」が価値を持つ「ライフログエコノミー」ともいうべき時代の到来を意味しています。自分のいろいろな行動が金銭的な価値に換算される未来です（ちょっと嫌な気もします）。

しかし、もうすでに自分の特定の行動が価値換算される社会は到来しています。「アテンションエコノミー」という言葉を聞いたことはあるでしょうか。アテンションエコノミーとはメディアが氾濫し、情報過多の時代は人々の「アテンション（＝関心・注目）」に価値が生まれ、まさに通貨のような機能を持つという概念です。例えばウェブリイトの閲覧数が経済的価値を持つようなケースがあてはまります。「ライフログエコノミー」ではそれまで見過ごされてきた普段の行動が経済的な価値を持つようになります。

そして、リレーションシップマネジメントのところで述べたような、ユーザーが製品やサービスを利用するたびに企業からいくらかのポイントがもらえるようなサービスが実現されたとしたら、そのポイントをもとにその人の行動を評価することも可能になりそうです。「トヨタからの安全運転ポイントがこれだけたまっているから、この人は高い評価にしよう」といったような評価です。また「ライフログエコノミー」の価値の高い人とのつながりが多い人は信用力が高いというような評価が生まれるかもしれません。つまり持っている「お金」よりも、その人の「行動」により重要な価値を見出すような社会が到来するかもしれないのです。

これまで「お金」は「一番便利だから」「ほかにないから」という理由で、価値判断の尺度として広く利用されてきました。しかしフィンテックはもしかしたら、「お金」以外の価値判断の尺度をもたらしてくれるかもしれません。「お金」を扱う金融から生まれたフィンテックが、「お金」を価値尺度の役割から解放してあげるとすれば、それは何とも愉快なことだと思いませんか。

おわりに

「何か起きてるかも?」

2009年ごろ、金融関連のニュースをウェブで見ているときに、ふと何かいままでとは違う「新しい」ことが起きているのではないかという気がしました。

2009年は、ちょうどリーマン・ショックの後始末をどうするかで世界中の金融機関や政府がすったもんだしていた時期です。目にするニュースの多くは欧米の金融機関の不良債権をどう処理するか、日本への影響はどの程度か、政府の救済策はどうあるべきか、そもそも救済すべきか否かといったものでした。

そういったニュースのどれもが金融機関に大きな影響を与える可能性が高いので、私も仕事柄、その手のニュースを日々追いかけていました。ところが、いわゆる金融業界の専門報道機関からの報道はいまひとつ要点がわかりません。サブプライム、CDS、CDO、ベイルアウト、TARFなどといった、専門用語が飛び交う殺伐としたニュースは、「で、どうなるの?」「なんでこんなことになったの?」という点をまったく説明してくれません。

そして出されている「対策」といわれているものがどのような帰結をもたらすのかという予想も、メディアによって千差万別でした。「銀行はつぶすべき」と主張する人もいれば、「いやいや銀行をつぶすと大変だから救わないと」といっている人もいました。

こういった矛盾する記事に疲れていたせいか、ちょうどそのころツイッターにハマります。そしてツイッターには金融専門のニュースメディアから流れてくるニュースとは、まったく質が異なる金融のニュースが含まれていました。

「ビットコインっていう仮想通貨が誕生したらしいよ」
「ケニアではエムペサとかいう携帯電話でお金のやり取りができるサービスが流行してる」
「P2Pの融資サービスとかいう怪しいサービスがあるけどどうなの」
「ミントめっちゃ便利」　などなど

気が滅入るニュースばかりを見ていた私にとって、この手の得体のしれないニュースは不思議と何か気分をワクワクさせてくれるものでした。そして「そうだ、金融機関の中の人たちにも、たまにはこういう面白いネタを教えてあげよう」と思い立ちます。クラウドやSNSなどをレポートとしてまとめて報告したところ、それなりに好評でした。2011年のことです。私はアメリカで急成長しているPFM（個人資産管理）についてのレポートをまとめ、金融機関の人たちに紹介してみました。ところが多くの人はPFMのことをほとんど知りません。さらに返ってきた反応は「若い人たち向けのリービスは儲からないんだよね」「機能的にたいしたことないね」「このサービス導入すると利益率の高い商品（投資信託など）が売れなくなるかも」といったものでした。

この反応を聞いたとき、私の脳裏にある本のタイトルが浮かびます。

「イノベーションのジレンマ」

PFMに対する金融機関の人たちの反応は、まさに「イノベーションのジレンマ」に登場する「イノベーションに対応できない大企業」のそれとぴったり重なるものでした。私の中の「ワクワク感」はこの日を境に「危機感」に変貌します。そこから私はいろいろな新しいサービスを追いかけ始めるようになりました。

「クラウド」「ソーシャルメディア」「人工知能」「ビットコイン」「ロボアドバイザー」

「P2Pレンディング」などなど。そしてこのような新しいサービスやビジネスのどれもが、既存の金融ビジネスをひっくり返す脅威となりうることが徐々にわかってきました。このままでは非常にまずいことになるんじゃないか、何か手を打つべきではないか、という危機感はますます膨らんでいきます（ただこの時期、周りからは「あいつは何遊んでるんだ」と見られていたようです）。

しかし、こういった一見ばらばらで、つながりがあるようでないようなテーマをうまく一言で表現することはできませんでした。自分の中の危機感がなかなか伝わらないことに悶々としていたことを思い出します。この状況が一変したのが2014年でした。「フィンテック」という言葉がこれらのバラバラに見えていたピースを1つにつないでくれました。これ以降、私の持っていた危機感もようやく共感を得られるようになりました。おかげさまで経済産業省に呼び出されるという貴重な経験もさせていただきました。バズワードも捨てたものではありませんね。

この本はここ数年来私が追いかけてきたワクワク感と、その裏で膨らみ続けた危機感を文章にしたものです。うまく両方が伝わっていればいいなと思います。そして「フィンテック」という言葉はそろそろより細分化されたもっと具体的なテーマに分解されるべき時期に来たのではないかと感じています。「フィンテック」はたしかに便利な言葉ですが、その意味を追いかける段階はもうそろそろ終わりにして、もっと個別のサービスや技術の検討を進めるべき段階にきていると思います。本書ではなるべく個別のサービスや技術を紹介したつもりです。皆さんの検討のお役に立てれば著者冥利に尽きます。そしてこの本を読んでくださった皆さんからさらに面白いサービスが生まれてくれれば、著者として望外の喜びです。

本書を書くにあたって、さまざまな人のたくさんの文章や資料を参考にさせていただきました。紙幅の都合で参考にさせていただいた知見への言及は割愛せざるを得ませんでした。お詫びとともに感謝の意を表したいと思います。ありがとうございました。

本書の編集は赤木裕介氏に担当していただきました。放っておけば膨らみ続ける文字数と、伸びていく締め切りでご迷惑をおかけしました。また本書の執筆を全面的に応援してくれた同僚の皆さんにも感謝します。

最後に執筆の期間中、ずっと献身的なサポートをしてくれた妻・夏子と娘・優里に感謝を。本当にありがとう。

【著者略歴】
柏木　亮二（かしわぎ・りょうじ）
野村総合研究所　金融ITイノベーション事業本部　上級研究員
1996年東京大学経済学部卒業。同年、野村総合研究所入社。製造業および情報通信分野の事業戦略コンサルティングを経て金融領域でのITイノベーションの戦略立案に従事。専門はIT事業戦略分析、技術インパクト評価など。
経済産業省「産業・金融・IT融合に関する研究会（FinTech研究会）」メンバー。
訳書に『創造的破壊』（翔泳社）『CODE—インターネットの合法・違法・プライバシー』（共訳、翔泳社）『現代の二都物語』（共訳、日経BP社）など。

日経文庫1360
フィンテック

2016年8月5日　1版1刷
2016年8月31日　　3刷

著　者　柏　木　亮　二
発行者　斎　藤　修　一
発行所　日本経済新聞出版社
http://www.nikkeibook.com/
東京都千代田区大手町1-3-7　郵便番号100-8066
電話（03）3270-0251（代）

装幀　next door design
組版　マーリンクレイン
印刷・製本　シナノ印刷

ISBN978-4-532-11360-5